プロの小説家が教える

クリエイターのための

能力図鑑

著
秀島 迅

日本文芸社

はじめに

　キャラクターが火や風、電気を自在に操り世界を掌握する、主人公が時空を超えて転生する——。

　世の中には、そのようなファンタジー作品やバトル系作品が数多く存在します。読み進めるごとに高まる没入感、ダイナミックで想像力豊かな描写に憧れて、筆をとった方も多いでしょう。

　本書を手に取っていただいたのも、キャラクターに授けるオリジナリティ溢れる能力を知りたいと思ったからではありませんか？

　読者が面白いと感じる作品には、とある共通点があります。それは巧みな文章表現が随所に織り込まれていること。書き手がどれだけ突飛で面白い能力を思いついたとしても、それを的確に描写し、読者に伝えるだけの表現力がなければ受け入れてもらえません。

　文章表現こそが物語のクオリティに直結するのです。

　さて、本書は物語世界に登場するさまざまな能力について、特徴や長所、短所、キャラとの相性、活用方法、タブーなど、多角的な視点で解説するクリエイターのための創作実用書です。壮大なスケールの大技から、ユニークかつニッチな小技まで、ありとあらゆる世

界観で活用できる多種多様な能力を取り上げ、一挙にご紹介しています。

　能力とは、パワーレベルや扱うモチーフによって千差万別。いわば無限に存在する力といえます。能力という言葉を辞書で引いてみると〝物事を成し遂げられる力〟とあるように、じつは火を吹いたり、瞬間移動したりする、ファンタジックでドラマティックな力だけではありません。

　私が本書を通してお伝えしたいのは、能力の種類や特徴のみならず、それらを使うキャラクターにフォーカスすること。どのように人物像や舞台設定、世界観とリンクして描けば物語を面白くできるかという、創作全体に及ぶノウハウです。

　そこには能力の大小を問わず、一貫した法則があります。

　みなさまには能力を描写する文章表現を学ぶだけでなく、物語創作という俯瞰した大きい枠で、本書をお読みいただけると幸いです。読後には、これまで気づかなかった執筆能力を会得できるに違いありません。

物語における
「能力」の役割とは

　ファンタジーやアクションはいうに及ばず、青春、恋愛、スポ根、さらにはミステリー、サスペンス、ホラー然り、物語に必ず登場するキャラクター。そんなキャラクターが「ここぞ」という場面で、決め手となる能力を繰り出した瞬間、劇的に物語の展開が変わります。

　往々にして書き手は、その一発逆転シーンを描くために、長々とストーリーを綴っているといっても過言ではありません。

　それは読者も同じです。クライマックスでの大どんでん返しを期待し、何百ページにわたる物語を延々読み続けます。

　つまるところ、**キャラクターに付与する個別の能力は、起承転結の流れを担う重要なツールです。**

　そればかりか作品を貫くテーマやメッセージにも深く関わり、決め手として機能する場合もあります。

　いわば、物語の原動力かつ推進力としてカギを握るのが、キャラクターの持つ「能力」にほかなりません。

　本書は『能力図鑑』というタイトル通り、あらゆるジャンルの物語で活用できる能力について多角的な視点で解説し、その特徴や使用例、注意点などについて言及しています。

　そのなかで本書がもっとも重要視しているのが〝読者目線〟です。

　たとえば「どのように描けば共感を得られるか」、「こんな不十分な描写は嫌われる」、「思わず応援したくなる書き方」といったように、それぞれの能力の魅力や難点に対する、読者の印象変化に重きを置

いています。

　さらに能力の特性がキャラクターの在り方にどんな影響を与える
かを深掘りし、〝キャラ立ち〟させるノウハウを随所に盛り込んで
います。なぜなら〝キャラ立ち〟こそが感情移入を促し、物語への没
入感を高める大切な要素だからです。

　と、ここまで読めばおわかりの通り、**本書は『能力図鑑』であり
ながら、個々の能力を詳しく説明するだけに留まらず、物語創作と
いう大枠での基本とハウツー、そして盲点まで網羅しています。**

　それらはつまり、面白い物語を書くコツの集大成です。

　同時に、文芸新人賞選考に残る必須テクニックでもあり、ヒット
作を創作する秘訣でもあります。

　「能力」という今までにない切り口に特化することで、具体例をで
きる限り多く挙げ、すぐに描写力と文章力の向上につながる構成に
なっています。結果、書き手としての総合力がぐんぐんパワーアッ
プすることでしょう。

　読後、あなたの創作能力もまた劇的に変わることをお約束します。

印象に残る
キャラクターのつくり方

　登場人物の個性を際立たせ、あたかも実在するように強く印象づける〝キャラ立ち〟について前頁で触れました。

　性格、行動原理、主義、主張、思想──〝キャラ立ち〟を促す内的要因は複数が絡み合って作用します。

　そしてそれらの設定は、物語の展開において必然性がなければ、読者の心をぎゅっと捉え、感情を揺さぶることはできません。

　じつは能力もまた、**キャラクターのインパクトを存分に高める大切な要素だと認識していますか？**

　多くの方は、キャラクターに授ける能力とは、敵を倒したり、優勢な立ち位置を確保したりする、単なるパワーツールだと捉えているようです。

　もちろん、それも間違いではありません。しかし、本来の在り方は、性格や思想といった内的要因にリンクした属性と傾向を備え、キャラクターカラーを決定づけるアイコン的役割を果たすべきです。

　たとえば、火を自在に扱える能力を持つキャラであれば、情熱的で積極的、どんな危険にもひるまない心根の強さがある、というように。水を意のままに操れるキャラであれば、冷静沈着かつクールな性格で、どこか神秘的で崇高な雰囲気に満ちている、というように。

　能力の特徴と人物像が符合すればするほど、鮮明なキャライメージを読者の心に植えつけられます。

　一方、能力の設定においては無限の強さを与えないよう、周到な

配慮が求められます。読者は主人公に対して、無敵・無双な力を望んでいません。**むしろ障害と困難に苦しみながら、葛藤する姿を切望しています。**人間的な弱さや脆さこそが共感点であり、自身を投影できる接点として、無意識のうちに同調する傾向があるからです。

　ゆえに、付与する能力にはウイークポイントを必ず設定しましょう。多くのヒーロー（あるいはヒロイン）に発動条件があるのはそのためです。

　「もうダメだ」「絶体絶命のピンチだ」と、読者をハラハラドキドキさせるしくみがあってこそ、物語への没入感を高められます。

　さらにウイークポイントや発動条件は、なんらかのきっかけで克服できるよう、スペシャルな仕掛けを用意します。ラストで主人公が困難を乗り越え、目的の達成と真の成長を遂げたとき、読者は大いなるカタルシスを感じるでしょう。

　面白い物語とは、このように読者と一心同体になれる細密な技巧と配慮が随所に施されています。そして〝キャラ立ち〟にも、授けた能力がひと役買っているのは、いうまでもありません。

プロが秘密にしたがる
能力作品の執筆ノウハウ

　本書の構成内容と活用法について説明します。

　PART.1 では、自然環境と摂理にまつわる、全18項目に及ぶ能力について解説しています。これらは主にファンタジーの世界観にフィットする、いわば壮大なパワーの数々です。

　「火・炎」にはじまり、「水」「氷」「風」と、**超自然的な力をキャラクターに宿すには、王道パターンがある一方、タブーや禁じ手も存在します。**そうした傾向への理解を深めながら、オリジナリティを生かすためのさまざまなヒントを提案しています。

　PART.2 では、「硬化」「軟化」「粘着」から「獣化・神獣化」「不死」まで、身体の強化と変化を伴う、全16項目の能力について解説。これらの**いわゆる変態型能力はハリウッド映画でもお馴染みのモチーフですが、じつはふさわしいジャンルが細分化されています。**また、癖の強い能力もいくつかあるため、キャラ属性や展開に応じた使い分けを提唱しています。

　PART.3 では、「超人的スキル」「霊的スキル」「空間操作」といった超常系スキルに加えて、「脳内操作」「心理操作」「時間操作」など、制御・コントロールする力に言及します。全14項目ものサイコキネシスな能力がもたらす、**物語構成の効能や注意点を網羅し、さらにキャラクターとの相性の問題にも触れ、実践的な具体例を交えて詳しく解説しています。**

　PART.4 は、それまでのチャプターとはトーンを変え、多彩なジャ

ンルの世界観に使える全16項目の内面的なスキルを掲載。**これまで語られることが少なかった素質の特徴と属性を分析しつつ、実践的な創作テクニックを多数披露しています。**

　以上、PART.1～4は、左頁に[主な能力の活用法]と[能力を描写する関連語と文章表現]をまとめており、創作における使用頻度の高い具体例を列挙。辞書のようにも使える仕様となっています。

　さらにPART.5では、キャラクターの能力描写における方法論を、知っておくべき全8つの視点で紹介。「世界観とのマッチング」「先天的・後天的な能力」「能力獲得に至る背景と動機」「起承転結との関係性」など、**プロだけが知っているノウハウとテクニックを解説し、すぐに創作に生かせるヒントも紹介します。**

　本書の最大の特徴は、図鑑として能力のバリエーションを総覧できるだけでなく、物語のテーマやメッセージの重要性、キャラクター造形の奥義といった、書き手に必要不可欠な知見をマスターできる教科書だということ。プロット作成から完成原稿の仕上げまで、あらゆる執筆プロセスにおいて、心強いバディになるはずです。

本書の見方

① 能力を記しています。

② 能力と類似性のあるものを記しています。

③ 紹介する能力を用いる際の例文を記しています。

④ 能力の活用方法を紹介します。

⑤ 能力の描写の仕方や、文章の表現方法を紹介します。

⑥ 能力を物語創作に生かすコツを解説します。

⑦ イラストや図で、紹介する能力に関連することをわかりやすく解説します。

PART.5

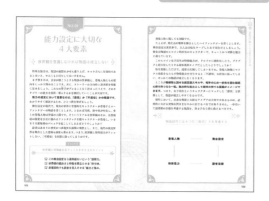

物語創作で能力を用いる際のポイントを解説します。キャラクターにどのような能力を持たせるか、どのようなシーンで能力を発揮させるかなど、多角的な視点で考察します。イラストや図を用いてわかりやすくまとめてあるので、ぜひ参考にしてください。

目次

PART. 1 | ファンタジーの定番 「自然」に関する能力

PART.2 バトルシーンで大活躍
身体の「強化・変化」を伴う能力

PART.3 突飛さゆえに描写に注意
「サイコキネシス」な能力

書き込み式 | クリエイターのための
キャラクター能力設定シート

ファンタジーの定番「自然」に関する能力

PART.1

自然系能力の描写は
技の規模感が大切

　ファンタジー作品には、自然の力を活用した技や能力が数多く登場します。炎や水、風などを使った必殺技や属性分けは誰もが一度は触れたことがあるでしょう。

　じつは、このように自然の要素をジャンル分けする考え方は、**古代中国に端を発する陰陽五行説に由来しています**。これは、世界を構成する要素は「火」「木」「土」「水」「金」の５つに分かれており、互いの要素が助け合ったり、打ち消し合ったりしながら均衡が保たれているという思想です。そして、それぞれの要素のバランスが崩れると、さまざまな変化が生じると考えられています。この陰陽五行説を参考に、キャラクターに付与する能力を考えて

いけば、ダイナミックかつ均衡のとれた世界観をつくることが可能です。

　自然を操作する能力を登場させるメリットは、技の規模の大きさを容易に操作できること。突然、空に真っ黒な雨雲が立ち込め雷鳴が轟いたり、巨大な火柱が天まで立ち上ったりと、ダイナミックな描写をすれば、勝負の「決めどころ」として読者をくぎづけにできます。

　その一方で、**指先から火を出してたばこに火をつけたり、電気を発生させてバッテリーを充電させたりすれば、ユーモアのあるキャラクター造形にひと役買ってくれるでしょう。**本章を読んで、能力のバリエーションと使い方のコツをしっかりと押さえてください。

 火・炎

【類語】

灼熱　煉獄　烈火　猛火　焔（ほのお）　ファイヤー　燃焼　火花　業火　不知火（しらぬい）

【能力を用いた例文】

絶体絶命のピンチだった。仲間の誰もが「もうダメだ」と諦めていた。と、彼が叫んだ。すると天から猛火が吹き荒れ、一瞬で敵陣が灰に変わった。

主な能力の活用法

- ◆ 火球で攻撃する
- ◆ マグマを流し込む
- ◆ 火柱を起こして焼き尽くす
- ◆ 炎の壁や盾で味方を守る
- ◆ 傷口を炎で焼いて止血する
- ◆ たいまつを灯す
- ◆ 牢獄の柵を炎で溶かして味方を助け出す

- ◆ タバコに火をつける
- ◆ 炎をまとった剣を振りかざす
- ◆ 火遁の術で敵を一掃する
- ◆ 薪（たきぎ）を燃やして暖をとる
- ◆ 紙に火で熱を加えて暗号をあぶり出す
- ◆ 自身の腕や脚に炎をまとわせて攻撃する

能力を描写する関連語と文章表現

- ◆ 放たれた火球は地獄の業火の如く辺り一帯を焼き尽くした
- ◆ 突如出現した火のカーテンに取り囲まれ、迫りくる烈火の勢いに意識がもうろうとする
- ◆ 炎をまとった矢を放つと、静まり返った夜の街が煌々と光った
- ◆ 傷口を火で焼くと、痛々しい傷が跡形もなく消えた

- ◆ 凍えた体に薪の暖かさが染みる
- ◆ ポケットからタバコを取り出し口にくわえると、煙が立ち上る
- ◆ 得体の知れない言葉で不気味な詠唱がなされると、敵の手に炎燃え盛る剣が現れた
- ◆ 地上高くまで立ち上った火柱が、辺りを焼き尽くしながらだんだんとこちらに近づいてくる

ド派手な技が描ける自然系能力の代表格

　数ある自然系の能力のうち、最強の部類に入るのが「火・炎」です。バトルやファンタジーはもちろん、あらゆる世界観の物語において、**火・炎は神的人気を誇る攻撃型特殊能力といっても過言ではありません。**

　人気要因は、まずビジュアルにあります。火は怒りや憎しみ、恨みといった激しい感情を表し、炎となれば憤激の念が爆発した、いわば「怒髪天を衝（つ）く」状態。赤やオレンジの炎が轟々（ごうごう）と渦巻いて敵を倒すシーンは、インパクト大でしょう。そのうえ、主人公のなかで溜まりに溜まった負の情念を噴き出して復讐を果たす、そんな展開が似合います。

　また、高熱で焼き尽くすという無残極まりない行為は、現実世界に住む我々でも容易に想像がつく、恐ろしい痛みと苦しみを伴います。その様子は、罪人を焼いて苦しめる地獄の火である「業火」を連想させます。つまり、悪や罪への戒めとして、火・炎は天命を担っているともいえるのです。

　太古の人類は、火で猛獣から身を守り、凍える夜に暖をとり、肉を焼くおいしさを知りました。**文明のはじまりを象徴する火だからこそ、苛烈な能力でありながら、どこか神聖さが漂うのかもしれません。**

火力の大きさによって意味や規模が変わってくる

 <  <

爆破・爆弾

【類語】

爆発　炸裂　破裂　爆裂　爆風　爆音　噴出　バースト　ボマー　スパーク

【能力を用いた例文】

「大丈夫。俺に任せて」と、勇者はいった。「たったひとりで何ができる？」
指揮官が聞くと、「敵陣を爆破して全滅させます」そう自信ありげに答えた。

主な能力の活用法

- ◆ 爆風で辺り一帯を吹き飛ばす
- ◆ 爆発で砦を崩落させる
- ◆ 爆発の閃光で目をくらませる
- ◆ 建物を爆弾で破壊してがれきを散乱させ、追手を振り切る
- ◆ 飛んでくる砲弾を空中で止める
- ◆ 爆発音で敵をひるませる
- ◆ 爆発の衝撃波で素早く移動する
- ◆ 腕から爆弾を発射して道なき道を切り開く
- ◆ 火花を起こして暗闇を照らす
- ◆ 敵に触れて爆発させる
- ◆ 背中からバズーカ砲を発射する
- ◆ 地中の地雷を停止させる
- ◆ 体から出した化学物質を空気中の水と反応させて爆発を起こす

能力を描写する関連語と文章表現

- ◆ 放たれた爆弾が炸裂した瞬間、まばゆい光と熱風が視界を奪う
- ◆ 爆破の衝撃波が円を描くように広がり、辺り一帯は一瞬にして吹き飛ばされた
- ◆ 生成した閃光弾を暗闇で破裂させると、森は白昼のような光に包まれ、潜伏していた敵の居場所が露わになる
- ◆ 時限爆弾に手をかざして目を閉じると、破滅へのカウントダウンが停止された
- ◆ 繰り出した爆弾の衝撃波と轟音が耳をつんざき、鼓膜を破る
- ◆ 空気砲で辺りに粉塵が巻き上がり、敵は姿をくらませる
- ◆ ポンッと小さな爆発を起こして闇夜を照らすかがり火を焚いた

攻撃力最強ゆえに多様は要注意

〝チャラにする〟という言葉があります。それまでの窮地や負い目など不利な状況をなかったことにする、という意味で、日常会話でもよく使われます。「爆破・爆弾」能力は、**その場の混乱を〝チャラにする〟画期的な掃討力を備えた、心強いウェポンスキルといえる**でしょう。

一例を挙げます。部族 vs 部族の大規模抗争で、敵側が圧倒的な兵力を誇るのに対し、味方側の軍勢が劣っているとしましょう。いわゆる、多勢に無勢の苦境。そんな絶望的状況下で、爆破・爆弾の特殊能力を持つ勇者が加勢します。勇者が気合を込めて両手を振りかざした瞬間、轟音が耳をつんざき、味方ですら驚愕して目を閉じてしまいました。やがて爆音が過ぎ去り、恐る恐る味方陣営が目を開けると、圧倒的な数の敵兵が木っ端微塵に吹き飛び、壊滅状態に陥っている──。このように形勢を一気に逆転させて〝チャラにする〟のが、爆破・爆弾の真骨頂です。

頼もしい力ではあるものの、多用は禁物です。**敵味方で爆弾の応酬戦となれば、身もふたもないバトルシーンに終始し、物語までチャラになってしまいます。ここぞというクライマックスのみに留めてください。**

数ある武器のなかでも
最強クラスの威力を誇る爆弾

水

【類語】

水圧　水滴　水面　流水　海　雨　泉　水蒸気　泡　波　雫

【能力を用いた例文】

その偉大な力に息を飲んだ。突然、雨を降らせたかと思えば、今度は凪の海を大時化に変えたのだ。「彼は神だ」と誰かがいう。その通りだと思った。

主な能力の活用法

- 自由自在に雨を降らせる
- 海に渦を起こして船を飲み込む
- 水圧で敵の体や船を押しつぶす
- 手から水を大量に噴射して火中の仲間を助け出す
- 水を熱湯に変えて調理する
- 水中で呼吸できる
- 相手の体に触れて水分を抜く
- 高圧の水鉄砲で相手を切り裂く
- 聖水をかけると傷が治る
- 水泡で体を包み、身を守る
- 敵を水の中に閉じ込めて溺れさせる
- 手から水を出して飲む
- 水を球状に圧縮し、爆発させる
- 霧を発生させて身を隠す

能力を描写する関連語と文章表現

- 船上で不敵な笑みを浮かべると突如海に巨大な渦が出現し、轟音を立てて船を飲み込んでいく
- 何本もの水柱が立ち上り、完全に包囲されてしまった
- 汲んだ水に触れた途端、ブクブクと沸騰しはじめた
- 手から超高水圧の水鉄砲を発射して、敵の体を切り裂く
- 相手の体に手を触れると、不気味な音とともに全身の水分をすべて吸収して砂に変えた
- 天に向かってまじないの言葉を唱えると、真っ黒な雨雲が発生し、凄まじい雷雨となった
- 神殿の岩の隙間から滴る水を口に含むと、体の傷や疲れが一瞬でなくなった

圧倒的「正義」感の汎用性が高い能力

地球上のあらゆる生命体は、「水」がなければ生きていけません。

私たち人間にとっても命の源です。もうこれだけで、水を味方として自在に操れる能力の偉大さ、そして壮大さが伝わってきます。

しかも、左頁の［主な能力の活用法］を見てもわかる通り、雨、海、水圧、熱湯、水鉄砲、聖水、水泡と、技のバリエーションがじつに豊富です。当然、水に特化した能力を持つキャラクターは比類なき強さを誇り、他者を圧倒します。

ただし、キャラ造形にはそれなりの配慮が求められます。**非道な悪役や端役に、偉大な水の能力は似合いません**。ふさわしいのは主役級の正義キャラ。これに尽きるでしょう。それも一介の正義キャラではなく、崇高な志と清廉な魂を持つ、神々しく浮世離れした存在よく合います。

何せ命の源である水ですから、キャラ像に確かな説得力がなければ、読者も承服しかねます。そうして**水の能力**と対峙する**ライバル的能力**といえば、**本章冒頭で解説した「火・炎」**。両者の戦いは〝命の源vs文明のはじまり〟となり、王道の象徴的な対立構図となります。

『出エジプト記』で有名な
聖人モーゼも水を扱ったひとり

 氷

【類語】

雪　あられ　吹雪　つらら　アイス　氷柱　氷塊　凍結　ひょう　結晶

【能力を用いた例文】

「世界を氷に変えてやるわ！」彼女は叫ぶ。ところが展開は早かった。太陽が地上を照らしはじめると、あっさりと氷の世界は溶けてなくなった。

主な能力の活用法

- ◆ 氷のハンマーで叩きつぶす
- ◆ 敵を氷のブロックに閉じ込める
- ◆ つららの剣で突き刺す
- ◆ 氷の道をつくって移動する
- ◆ ホワイトアウトを起こして敵の視界を奪う
- ◆ 炎による攻撃を無効化する
- ◆ アイスウォールで仲間を守る
- ◆ 海を凍らせて水面を歩いて渡る
- ◆ 熱を出した仲間の額を氷で冷やす
- ◆ 敵が保有するすべての食料と飲み水を凍らせる
- ◆ 雪を降らせて、ついた足跡から敵を追跡する
- ◆ 息を吹きかけて敵を凍らせる

能力を描写する関連語と文章表現

- ◆ 巨大なアイスウォールで仲間を覆い、敵の攻撃から身を守った
- ◆ 切り立つ崖でまじないの言葉を詠唱すると、突如海に氷が張り、迫りくる敵の戦艦は身動きがとれなくなった
- ◆ 何もかも凍りつくような冬の嵐を起こし、敵の全感覚を奪う
- ◆ 凍てつく吹雪を全身に浴びた
- ◆ 突如敵の腕から大量の氷塊が発射され、我々は身を守る術もなく、一網打尽にされた
- ◆ 持っている食料に息を吹きかけて凍らせ、保存食にする
- ◆ 体を氷の層で覆って、炎による攻撃を無効化する
- ◆ 凄まじい吹雪に、視界は真っ白に染まった

能力の特性からキャラの性格をイメージ

　「氷」を意のままにする能力は、火や水と並ぶメジャースキルといえるでしょう。古今東西のさまざまな物語に登場し、どんな場所も冷え冷えとした氷の世界に変えてしまいます。

　周知の通り、氷とは固体化した水。溶ければあっさり水と化します。

　もとは同じであるはずなのに、氷の能力を持つキャラは、水の能力を持つそれと大きく異なり、前頁で解説した崇高な志と清廉な魂を持つ正義キャラではありません。**性格は暗く、過去のトラウマに苛まれ、憂さ晴らしをするかのように身勝手な行動に走りがちな悪役キャラ、暴走キャラのイメージです。**氷の能力を持つキャラを登場させる際には、これらの傾向を理解しておきましょう。氷はにぎやかな陽キャには似合わず、根暗な陰キャのほうがしっくりきます。

　そして、氷の能力が戦闘において最終的な勝利を収めるケースは非常に**稀です。春の到来で降り積もった雪が溶けてしまうように、最後は消えてなくなるのが常。**その負けっぷりはどこか潔く、そこはかとない哀しみが漂います。これもまた、氷という刹那的な存在感の成せる業なのでしょう。

氷の世界には陰キャの魔女が似合う

風

【類語】

台風　サイクロン　嵐　竜巻　疾風　突風　気流　北風　風車　風圧

【能力を用いた例文】

厄介な能力の持ち主が現れた。すべてを強風で吹き飛ばすという。これでは戦いにならない。「撤退だ」といった瞬間、強烈な風で部隊が宙に舞った。

主な能力の活用法

- ◆ 砂嵐を起こして視界を奪う
- ◆ 竜巻で敵のアジトを破壊する
- ◆ 追い風を起こして乗り物の速度を加速させる
- ◆ 強力な向かい風を起こして敵の攻撃を到達させないようにする
- ◆ 風車を回して電気をつくり出す
- ◆ 風圧で分厚い鉄の扉を破る

- ◆ 強風で相手の衣服を吹き飛ばす
- ◆ 嵐で敵船を難破させる
- ◆ 強風を送り込んで炎の勢いを加速させる
- ◆ 空気砲を発射し、風圧で敵を吹き飛ばす
- ◆ 風圧で体を浮かせて移動する
- ◆ 風を起こして涼む

能力を描写する関連語と文章表現

- ◆ がれきや車、ガラスの破片などを巻き上げながら、巨大な竜巻がこちらに向かってくる
- ◆ 手から空気砲を発射すると、敵はほこりのように吹き飛ばされて壁に激突した
- ◆ 目を閉じて何かをつぶやくと、辺りに突風が吹きはじめ、風に乗って猛スピードで走り去る

- ◆ 巨大な風車に息を吹きかけ、街に電力を供給する
- ◆ 足から出る風の力で体を浮かせ敵の攻撃を軽々と避けてみせる
- ◆ 迫りくる大砲に手をかざすと突風が吹き、大砲は踵を返して敵のほうに向かっていった
- ◆ 強風が吹き荒れ、一歩も足を動かすことができない

高い潜在能力を秘めたネガティブな存在

　人々から嫌われがちな「風・ブレス」。その主たる原因は、風が誘発する忌まわしい自然現象にあるのでしょう。たとえば、台風、嵐、竜巻など。アメリカではサイクロンやハリケーンという熱帯低気圧が発生し、強風と突風を巻き起こして甚大な被害を与え、人々を恐怖に陥れます。

　火や水と違い、目には見えないながらも圧倒的な破壊力を誇る風の能力は、戦闘中に繰り出せば、敵に多大なダメージを与えることができます。

　そのような特異なポテンシャルを秘めつつも、風の能力を駆使する正義の味方はあまり見かけません。それはことわざで見ると、そのあたりの事情がおぼろげにうかがえます。以下に例を挙げてみました。

　『疾風に勁草を知る』は、苦難に直面して初めて人の強さがわかるという意味。『月に叢雲花に風』は、好事にはとかく邪魔が入って長続きしないという意味。『物言えば唇寒し秋の風』は、何事も余計なことを口にすると災いを招くという意味。『秋風が吹く』は、男女の愛が冷めるという意味です。

　どのことわざでも、風はネガティブな存在としてたとえられています。

　　　　イソップ寓話『北風と太陽』でも風は悪者扱い

電気・雷

【類語】

電流　発電　帯電　感電　送電　静電気　稲妻　サンダー　雷鳴　ボルト

【能力を用いた例文】

呪文とともに両手を天に掲げた刹那、凄まじい稲妻が闇を切り裂いた。その場の誰もが固唾を飲んで立ちすくむ。彼こそが神の使徒なのだ。

主な能力の活用法

- ◆ 放電して敵を感電させる
- ◆ 電磁波のドームをつくって相手の攻撃を無効化する
- ◆ 落雷で街を停電させる
- ◆ 金属に電流を流して電子機器をショートさせる
- ◆ 筋肉や神経を電気で刺激して身体能力を上げる
- ◆ 体から生み出す電磁波で傷や疲労を回復させる
- ◆ 雷鳴で敵をひるませる
- ◆ 電光石火のサンダービームを敵に向かって放つ
- ◆ 自らを帯電させて、バッテリーを充電する
- ◆ 静電気で相手を麻痺させる

能力を描写する関連語と文章表現

- ◆ 天に向かって詠唱すると真っ黒な雲が出現し、バリバリと音を立てて稲妻が走った
- ◆ 極限まで高圧にした電気で雷の矢をつくり、電光石火の如く敵を倒していく
- ◆ 帯電した体で発電機を駆動させて街にエネルギーを供給する
- ◆ 微弱な電磁波を発生させた手で仲間の体に触れ、傷を癒した
- ◆ 敵の潜伏先に雷を落とし、ライフラインを停止させた
- ◆ 高圧電力の壁に囲まれ、退路を断たれてしまった
- ◆ 特殊な電磁波を生成して位置情報システムを狂わせる
- ◆ 電撃を受けた体は痺れ、ただピクピクと跳ねる

神々しい強キャラと相性抜群

　物語において人気の高い自然系能力が「電気・雷」です。

　なぜなら、電気は人類にとって圧倒的パワーを有するエネルギーであり、雷は自然現象のなかで劇的かつ神聖な存在感を放つからです。

　天から張り裂けんばかりの轟音を伴って落ちる稲妻を自在にコントロールできれば、まさに天下無双。神の使徒の如く、聖なるヒーローキャラとして君臨できます。実際、**太古から雷は神と強い結びつきがあると捉えられ、ギリシャ神話で天空の雷神ゼウスは最高神といわれています。**日本神話でも雷鳴を「神鳴り」と記し、雷は神々の所業とみなしました。こうした説得力のある背景も、電気・雷の能力が重宝される理由のひとつです。

　この能力を物語に用いる際は、パワーレベルの調整に配慮することです。致死的なサンダーボルトを一気に使ってしまうと、敵との戦闘で見せ場がつくれません。**微弱な電磁波を扱う初歩段階を経て、次第に強大な稲妻を操れる進化過程と弱点を描き〝展開の溜め〟を用意すべきです。**さらにキャラ造形では、神々しい能力が開花することで人間的な成長をも遂げるというドラマ性を盛り込み、読者の〝共感のツボ〟を刺激しましょう。

多くの神話で雷神がヒーローとして崇められた

ギリシャ神話の
ゼウス

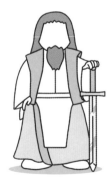
日本神話の
タケミカヅチ

インド神話の
インドラ

草・木

【類語】

樹木　植物　森林　種　芽　蔓（つる）　葉　花　薬草　樹海　毒草　ハーブ　養分

【能力を用いた例文】

森に足を踏み入れた途端、異様な光景が目に飛び込む。大樹が動き出し、襲ってきた。命じているのはひとりの少女だった。なんと面妖な力だろう。

主な能力の活用法

◆ 近くに落ちている葉や丸太を身代わりにして姿を消す

◆ 毒性の植物を植えつけ、徐々に生気を奪う

◆ 植物を種から実まで一気に成長させる

◆ 花粉を飛ばして、吸い込んだ相手を毒する

◆ 大木を自在に動かして防御する

◆ 周囲に生えている木々や草と会話して情報を得る

◆ 蔓で拘束して動きを封じる

◆ 薬草を調合して薬をつくる

◆ ヒーリング効果のある植物で体を覆い、体力を回復する

◆ 花の香りで幻覚を見せる

能力を描写する関連語と文章表現

◆ 目の前に生い茂った木々は、何度切り倒してもへこたれることなく再生し、行く手を阻む

◆ かぐわしい花の香りにつられて迷い込んだ森のなかは、迷路のように入り組み、抜け出すことができない

◆ 群生する植物たちに敵の動きを聞いて迎撃の備えをする

◆ 芝生のうえに寝そべると、辺りの植物が輝き、癒すように優しく体を包み込んでいく

◆ 煙とともに姿が消えたかと思うと、その場には1本の丸太だけが残っていた

◆ 地面から突如として現れたハエトリグサが、すべてを飲み込もうと大きく口を開く

 充実したキャラ設定が物語の幅を広げる

　自然系の能力では珍しい、生き物を利用したファンタスティックなスキルです。「草・木」だからと侮ってはいけません。**都会であれ山であれ海であれ砂漠であれ、地球上のあらゆる場所に植物は生息しているからです。**たとえハイファンタジーの世界観であっても、そこに暮らす住人がいる限り、無数の植物もまた生息していなければ辻褄が合わなくなります。

　左頁の［主な能力の活用法］を見てもわかる通り、草・木を仲間にすれば、じつに多様な能力を手に入れられます。しかも食虫植物、薬草、毒性植物といった、攻撃性の高いミステリアスな力まで意のままです。

　どこか魔術や魔法にも類似するこの能力が似合うのは、やはり魔女系キャラでしょう。そして設定に際しては、**たとえば固有種族だけが植物と意思疎通できるとか、不思議な花粉を体内に取り込んで謎の力が備わったなど、エピソードを充実させると展開の幅が広がります。**

　もちろん植物に命じる際の呪文や、能力が使えなくなる制限設定、弱点もお忘れなく。不完全な力であるほうが、物語を盛り上げる見せ場をつくれるため、読者の感情移入と応援を誘います。

草・木は可憐な女性キャラがしっくりくる

土

【類語】

大地　陸　土砂　粘土　砂漠　泥　沼　地割れ　地響き　地面　地震　砂

【能力を用いた例文】

巨大な蟻地獄のような穴が出現したと思ったら、砂嵐の襲来だ。続いて足もとが激しく揺れる。地割れだ！　こんな能力の相手に勝てるわけがない。

主な能力の活用法

- ◆ ぬかるみにはまらせて敵の体の自由を奪う
- ◆ 地割れを起こして相手の行動範囲を制御する
- ◆ 土砂を固めて自在に道をつくる
- ◆ 土壁を地面から出現させて盾として使う
- ◆ 砂嵐を発生させて視界を奪う
- ◆ 地中を自由に移動する
- ◆ 泥人形をつくって自分の身代わりにし、攻撃を防ぐ
- ◆ 地震を引き起こす
- ◆ 相手を土砂のなかに埋め込んで圧迫し、自由を奪う
- ◆ 砂を猛スピードで飛ばして相手の体を斬りつける

能力を描写する関連語と文章表現

- ◆ 吹き荒れる砂塵に視界を奪われ、敵も味方も、何もかもが見えなくなってしまった
- ◆ 底なしの沼に足をとられ、もがけばもがくほど深く体が引きずり込まれていく
- ◆ 砂を巻き上げながら巨大な土壁が出現し、いかなる猛攻をも防ぐ鉄壁の防御となった
- ◆ 地面に走った亀裂は地響きを上げて左右に広がり、街を真っ二つに分断した
- ◆ 術者の体から溢れ出した泥は徐々に固まり、飲み込んだ者たちの動きを封じ込める
- ◆ 手をかざしたところに土砂が集まり、どんどん先へと伸びて一本の道ができた

能力はパワーバランスと相性が重要

　ある意味、「土」を操る能力は最強レベルです。世界は地続きでつながっているわけですから、土を操れるということは、世界そのものを手に入れたに等しいといえます。それだけに、**この手の能力は〝何でもあり〟にしない創意工夫が求められます**。活用法が多岐にわたるうえ、使い方次第では世界征服だっていとも簡単に実現できてしまうからです。

　よって、「こんなときは使えない」、「こういうときだけ使える」という発動条件や能力制限を設けることが大前提です。

　もう一点気をつけるべきは、対する相手側の能力をどのように設定するかということ。**もし、土を操れる能力が敵の悪役側のものであれば、戦う正義の味方側の能力もまた最強レベルにしなければ釣り合いがとれません**。一方に強大な力を付与する場合、クライマックスで接戦を展開できる同等の強大な力をもう一方にも与えてこそ、面白い物語が成り立つという鉄則を覚えておきましょう。

　つまり、あまりに強すぎる能力は安易に取り入れるべきではありません。パワーインフレを起こしてしまうと、リアリティが著しく欠落します。

能力はあくまでも強大すぎないことが大切

宇宙

【類語】

天　天体　銀河　星座　惑星　太陽　月　重力　ブラックホール　地球

【能力を用いた例文】

「敵が迫ってきた！」仲間が叫んだ直後、「大丈夫。重力を操って足止めする！」俺がいう。「その手があったか」誰もが安堵の表情を浮かべた。

主な能力の活用法

- ◆ ブラックホールを出現させてあらゆる攻撃を吸い込む
- ◆ 相手の重力を大きくしてその場から動けなくさせる
- ◆ 星占いで未来を予知する
- ◆ 超新星爆発を起こしてすべてを吹き飛ばす
- ◆ 流星群を降らせて衝突させる
- ◆ 太陽の熱で周囲を包み、その暑さで思考力を奪う
- ◆ 月の光を浴びてそのエネルギーを吸収し、身体能力を強化する
- ◆ 重力をなくして体を浮かせ、移動する
- ◆ 宇宙空間と同じ無酸素状態をつくり出し、相手を苦しめる

能力を描写する関連語と文章表現

- ◆ 月光に照らされた途端、その輝きに全身を包まれ、じわじわと底知れない力がみなぎってきた
- ◆ 流れ星の美しさに見とれる暇もなく、落下した星の衝撃で辺りは焼け野原と化した
- ◆ 術を唱えると、高く昇っていたはずの太陽は瞬時に沈み、真っ暗な世界が顔を出す
- ◆ 黒く渦巻くブラックホールに吸い込まれ、仕かけた魔法攻撃は音もなく消え去った
- ◆ 無重力化した空間にはあらゆるものが散乱し、人までも浮かび上がっている
- ◆ 指を鳴らす音が聞こえたかと思うと、突然呼吸ができなくなり、もがくことしかできない

専門用語も取り入れてリアリティを追求

　ハリウッド映画では、古くから宇宙を舞台にした大作が製作されてきました。その一方で、近年は宇宙開発ビジネスに乗り出す民間企業が世界規模で増えていることもあり、空想と現実の距離はどんどん縮まっています。そうした潮流を汲むように、漫画でも小説でも、宇宙をテーマにしたSF作品は人気の的。近未来ディストピアなSFや、ハイファンタジックなSFなども、**宇宙を舞台にすれば壮大で独自性の高い物語となり、登場する能力もスケールが違ってきます。**

　さて、ここで左頁の[主な能力の活用法]をあらためてご覧ください。

　「ブラックホールを出現させて」、「重力を大きくして」、「超新星爆発を起こして」、「流星群を降らせて」、「太陽の熱で」と、さりげなく専門的なキーワードが並んでいます。**これまで紹介した能力は、いずれも現実世界に存在し、想像の範囲内で書ける題材でした。**しかし、舞台が宇宙となれば踏み込んだ専門知識が必須。たとえ空想上のストーリーであっても、物語創作の鉄則は〝限りなくリアリティを追求すること〟にあります。

　入念な予備取材で、十分な知見を蓄えてから取り組みましょう。

宇宙を描く際はリアリティが肝心

 光

【類語】

閃光　光彩　煌めき　浄化　神聖　善良　発光　ライト　反射　天国

【能力を用いた例文】

悪魔は一瞬のうちにまばゆい光に飲まれて消滅した。その能力に人々は神を見た。だが、悪魔を倒したヒーローも満身創痍で天に召されてしまった。

主な能力の活用法

- ◆ レーザービームを放ってダメージを与える
- ◆ 光を浴びせて浄化し、毒や瘴気を打ち払う
- ◆ 光のシールドで攻撃を反射する
- ◆ 強烈な発光で目をくらませる
- ◆ 光の矢を放って、触れた者の体力を回復させる
- ◆ 光速で移動して相手の隙を突く
- ◆ 光の剣であらゆるものを斬る
- ◆ 地上の光エネルギーを吸収して力に変換する
- ◆ 光球をつくって暗闇を照らす
- ◆ 光をまとわせた槍を飛ばし、相手の体を貫く
- ◆ 光を弾丸のように発射する

能力を描写する関連語と文章表現

- ◆ 温かな光の雨が降り注ぎ、疲れた体を癒していく
- ◆ 目も開けられないほどのまばゆさに、ただ顔を覆ってやり過ごすことしかできない
- ◆ 光をまとった剣が振り下ろされると、邪悪な気配が消滅した
- ◆ 天空に放たれた光球が弾けて、暗闇を明るく照らす
- ◆ 乱反射した光の軌道を読むことはできず、抵抗むなしく幾度となく体を貫かれる
- ◆ 光を操る神々しい姿に、戦いということも忘れ、ただ見惚れるばかりだった
- ◆ 放たれた光の矢は弧を描き、残像を残しながら辺り一帯を焼き尽くしていく

正しさの象徴として描写される「光」

　正義をまっとうするため、自己犠牲すら厭わず戦うヒーローやヒロインにふさわしい能力は「光」といってもよいでしょう。

　なぜなら、光とは希望であり、祝福であり、未来だからです。

　ここで、光について描写されている、聖書に記されたキリストの教えについて見てみましょう。

　新約聖書のひとつ、ヨハネ福音書の第1章に「すべての人を照らすまことの光があって、世にきた」と、キリストの出現が暗闇を照らす光であると記されています。つまり、聖なる光の神々しさは、キリスト教がもとになっているのです。また、キリストは十字架に磔にされて死する直前、「光のある間に、光の子となるために、光を信じなさい」と語っています。

　日本人にはそれほど馴染みがなくても、**聖書の内容は世界中の多くのエンタメ作品に注入されている、いわばもっともポピュラーな神のモチーフ。**ハリウッド映画も然りです。ゆえに人々は知らず知らずのうちに、〝光＝聖なる正義〟という認識を持っているのでしょう。

　光による能力は、美しくも強い力が宿っています。

善悪を描くエンタメ作品と宗教観は

密接に関係する場合がある

闇

【類語】

暗黒　影　陰　夜　邪悪　禁忌　冥府　シャドウ　漆黒　昏闇　悪　地獄

【能力を用いた例文】

次々と悪魔が増えていく。みんな闇の力に侵されてしまった。このままでは街が壊滅してしまう。もはや神はいないのか？　今はただ祈るしかない。

主な能力の活用法

◆ 影のなかを自由に移動する

◆ 邪気をまとって自身の攻撃力をアップさせる

◆ 暗闇でも見える目を使い、隠密活動をこなす

◆ 影を分身のように動かす

◆ 影を踏んだ相手をその場に封じ、動けなくさせる

◆ 相手の攻撃を、つくり出した闇のなかに吸収して無効化する

◆ 瘴気（しょうき）を発生させて、相手の防御力を下げる

◆ 闇堕ちして、限界を超えた絶大な力を操る

◆ 自身に向けられた敵意や負の感情を取り込み、力に変える

能力を描写する関連語と文章表現

◆ 影が意思を持つ生命体のように動き出し、やがて人型となってこちらに向かってくる

◆ 辺りが暗闇に包まれるとみるみる気温が下がり、夜明け前には凍える寒さとなった

◆ 取り込まれた闇のなかは、音も光もなく、ただ自分の意識だけがもうろうと浮かんでいる

◆ 逃げ出すもすでに遅く、自身の影で縛りつけられた体はピクリとも動かない

◆ 蔓延（まんえん）する瘴気は人々の意識を黒く染め上げ、光のない絶望の淵へと陥れる

◆ 影に飛び込んだかと思うと、そのまま鳴りを潜め、好機をうかがっているようだ

周囲をどう〝闇堕ち〟させるかがポイント

　〝光＝聖なる正義〟なら、「闇」は悪を象徴するおぞましい不義です。

　暗くて深い闇は、悪魔的な能力として跳梁跋扈し、正義の味方や罪のない人々を苦しめます。[主な能力の活用法] にあるように、**闇自体は固有の形を持たないため、技のバリエーションが豊富です。**「邪気をまとって自身の攻撃力をアップさせる」、「影を分身のように動かす」、「相手の攻撃を、つくり出した闇のなかに吸収して無効化する」、「自身に向けられた敵意や負の感情を取り込み、力に変える」と、変幻自在に姿や力を変え、時には超常現象まで引き起こして、相手を窮地に陥れます。

　闇の能力を描くポイントは、使う側の設定にあります。**ひとりの凶悪な悪魔だけが闇の能力を駆使するのでは、シンプルすぎて恐ろしさが出ません。**悪が周囲の人に憑依し、次々と闇の側へ引き込まれ、闇の力が世を侵食していく。そんな狂気的な展開が理想です。ある意味、ゾンビや化け物が世界を席巻するディストピアホラーも、すべて闇の力をテーマにした作品といえます。その雛形にどんなオリジナルテイストの闇の能力を味つけするかが、書き手としての腕の見せどころでしょう。

闇の能力は世界に蔓延したほうが恐ろしい

あれ？

ゾンビのほう
が怖い〜！

磁力

【類語】

磁気　磁場　磁界　磁石　電磁波　引力　浮力　エネルギー　コンパス

【能力を用いた例文】

すっかり忘れていた。あいつには磁力という能力があったのだ。おかげで救われた。無敵といわれる新型アンドロイドを一瞬で無力化したのだから。

主な能力の活用法

- ◆ 磁場をつくり出して敵の武器を手もとに引き寄せる
- ◆ 磁石の反発を利用して浮遊し、高速で移動する
- ◆ 砂鉄を集めて剣をつくる
- ◆ 磁気バリアを展開して身を守る
- ◆ 電磁波を操作して盗聴する
- ◆ 敵の金属武器を操り、攻撃する
- ◆ 電磁パルスを発生させ、電子機器を使えなくする
- ◆ 敵同士を磁石のように引き合わせ、その動きを封じる
- ◆ レールガン（超電磁砲）を錬成して射撃する
- ◆ 自身と相手を反発させ、近距離攻撃を防ぐ

能力を描写する関連語と文章表現

- ◆ 剣を振りかぶり、攻撃を仕掛けるも、反発し合う体では近づくことさえできない
- ◆ 念を込めてかざした手には、望んだものが吸い寄せられるように集まってくる
- ◆ レールガンから放たれた砲弾は、頑丈な鎧で守られていたはずの体をたやすく貫いた
- ◆ 磁力で浮き上がった体は、一瞬にして荒野を駆け抜け、待ち構える敵の目前へと迫った
- ◆ ノイズがひどく、本部への伝達に使っていた通信機が使えない、もしや敵に工作されたのだろうか
- ◆ 体内で微弱な電磁波を発生させ、疲れた体をマッサージする

〝地味だが強い〟サブキャラにベストマッチ

　一見すると、磁力というのは地味でパッとしない能力に思えるかもしれません。インパクトが弱く（そもそも能力自体が目に見えない）、ビジュアル的にも今ひとつ絵になりにくい。それが「磁力」です。

　ところが、多様なジャンルの物語で真価を発揮する、なかなか優れた能力なのです。たとえばファンタジー冒険活劇であれば、**戦士たちの刀剣をはじめ、鉄類の武器や防具を瞬く間に吸い寄せて無力化できます**。近未来SFアクションであれば、EMP（電磁パルス）を発生させて敵の宇宙船やロボットやコンピューターを破壊し、形勢逆転することも可能です。

　でも、やっぱり地味といえば地味。主役級キャラクターにこの能力を与えて、物語全体を牽引させるには荷が重いといえます。

　その理由は簡単。クライマックスを飾る必殺技を磁力で編み出すのは、やや無理があるからです。ましてや、鉄製の武器を所有するか、金属機器を扱う相手でなければ、その力を発揮できません。よって磁力の能力を持つキャラクターは、**〝少し地味だがやるときはやる〟というサブキャラに留めるのがベスト**。「意外に頼りになる」感じが磁力の能力に似合います。

能力が限定的なのが磁力の弱み

金属

【類語】

メタル　貴金属　重金属　軽金属　液体金属　合金　鉄　銀　銅　鋼

【能力を用いた例文】

「そいつはチタンだ。硬化した状態で特殊な衝撃を加えれば勝機がある」
博士の閃き通りだった。俺が必殺技を繰り出すと、敵は一気に砕け散った。

主な能力の活用法

- ◆ 金属製の武器を錬成する
- ◆ 体を液体金属化させて、どんな場所もすり抜ける
- ◆ 触れた金属を変形させる
- ◆ 相手を取り囲むように金属を形成し、檻に閉じ込める
- ◆ カギを複製して扉を開ける
- ◆ 近くにある金を探知する
- ◆ 周囲の金属を自身に取り込み、力を増強する
- ◆ 体に光を反射させて相手の目をくらます
- ◆ 体の一部を金属化させて攻撃・防御を行う
- ◆ 敵を金属に変える
- ◆ 相手の体に触れて鉄分を抜く

能力を描写する関連語と文章表現

- ◆ 鋭い金属音を響かせて、鋼鉄で覆われた体が銃弾を跳ね返す
- ◆ 銀色に鈍く光る液体がうごめき、やがて人型を形成した
- ◆ いくつもの剣が吸い込まれ、溶け合ったかと思うと、目を見張るほどの大剣が姿を現した
- ◆ 鋼鉄に覆われ、黒く染まったこぶしで重い一撃を繰り出す
- ◆ 水のように足もとに流れてきた金属は、みるみるうちに固まり、自由を奪う足枷となった
- ◆ 行く手を阻むかのように、重く頑丈な鉄の壁が出現し、四方を取り囲んだ
- ◆ 手をピストルの形にして力を込めると、指先から黄金の銃弾が発射された

金属の特性を理解してあえて弱点をつくる

金属に特化した、いわゆるメタル系スキルは、初期設定を明確に定めましょう。さらには弱点や能力制限を設けること。ここが大切なポイントとなります。なぜなら、**金属の特性を応用した能力を際限なく拡大していくと、誰も太刀打ちできない無双キャラになってしまうからです。**

[主な能力の活用法] の一例を要約してみると明らかでしょう。

「溶けて液体化する」「何にでも変形する」「攻撃を跳ね返す」「吸収・増強を図る」——変幻自在な攻防が可能となる無敵条件がそろっています。

ひとつの対策としては、金属固有の特徴から弱点をつくるのもありです。たとえばチタンなら硬すぎる特性を持つため、硬化した状態での特殊な衝撃に弱いとか、銅なら熱伝導率が高いゆえ、鉄に比べると融点が低いというふうに、一歩踏み込んだ専門的な視点から強みと弱みを設定すれば説得力が生まれます。あるいは完全なフィクションとして、**宇宙の異質レアメタルという設定で、その性質を論理的に説明すれば信憑性を高められます。**とはいえ、ハリウッド映画ではこのスキルが活躍するヒット大作が多数あるだけに、創意工夫が求められる点も理解しておきましょう。

金属は特性が顕著なのでヒントを得やすい

鉛	軟らかくて、純度が高いとナイフで切ることも可能
鉄	硬度が高く、耐久性に優れるが、サビやすい
アルミニウム	金属のなかでも軽量で、光と熱の反射率が高い
銅	電気や熱の伝導率が高い。弱点は酸化が進みやすいこと

鉱石

【類語】

鉱物　宝石　結晶　岩石　隕石　化石　原石　ストーン　クリスタル

【能力を用いた例文】

鉱石を自在に操れる彼女の特異な能力は、太古の昔から伝わるものだという。実際、光り輝く水晶を全身にまとう姿は、女神の降臨を思わせた。

主な能力の活用法

- ◆ 隕石を衝突させる
- ◆ 岩の足場をつくって、登れない・歩けないところを攻略する
- ◆ ダイヤモンド製の頑丈な盾で、敵の攻撃を防ぐ
- ◆ 生成した宝石を資金に変える
- ◆ パワーストーンの効果で身体能力を上げる

- ◆ 水晶のなかに相手を閉じ込める
- ◆ 結晶を出現させて突き刺す
- ◆ 物体を琥珀のなかに封じ、そのままの状態で長期保存する
- ◆ 粒状のヒスイをピストルのように連射する
- ◆ 毒性のある鉱物を粉砕し、その粉塵を吹きかける

能力を描写する関連語と文章表現

- ◆ 一歩進むたび、足もとに安定した岩場が現れ、難なく崖を登ることができた
- ◆ 砕かれた鉱石の粉塵がキラキラと空中を舞い、その空気を吸った者たちを毒で苦しめていく
- ◆ 術者の周りを囲むようにして現れたヒスイの玉は、ささやかれた呪文に呼応して鋭く飛散した

- ◆ 首に下げているアメジストの首飾りが強く光り、こちらに向かってくる砲弾を跳ね返した
- ◆ 暴れ狂う巨人は瞬く間に水晶へと吸い込まれ、手のなかに小さく収まった
- ◆ 天高く創造されたダイヤモンドの壁に阻まれ、敵陣へと足を踏み入れることができない

ドラマ性の高い背景で物語に奥行を

　地球が誕生し、その約1億6000万年後に最初の鉱石が地中深層で形成されました。**ダイヤモンド、ヒスイ、水晶など、鉱石のなかには美しい宝石類も含まれ、どこかミステリアスで不思議な趣を感じさせます。**

　天然のダイヤモンドは、地球の核の外側にあるマントル内の超高圧・高温にさらされ、数百万年から数千万年かけて形成されたのち、上昇するマグマで地上近辺へ運ばれます。これだけで物語の逸話になりそうですね。

　さて、そんな神秘的な鉱石を能力とすれば、唯一無二の硬度を強みとして攻撃や防御がいくつも編み出せます。また、視点を変えれば、よりドラマ性の高いキャラと、能力に関する寓話を創作できるでしょう。

　たとえば、ジルコンという地球最古の鉱石。純粋と無垢を象徴するジルコンは、身につける人に名誉や知恵を与え、その輝きが消えると危険が迫る前兆だという言い伝えがあります。聖書のなかでは〝火の石〟と呼ばれ、ユダヤの伝説ではエデンの園に遣わされた守護天使とも。**鉱石を能力として扱うなら、このような古代の神話や伝説に着想してキャラクターをつくり込むことで、物語に壮大な背景と奥行を持たせることができます。**

鉱石の能力を持つのはやはり魔女キャラが似合う

気候・天気

【類語】

天候　気象　気候変動　空模様　空合　災害　気温　自然　気圧　季節

【能力を用いた例文】

巨大竜巻が襲ってきた。家も畑もめちゃくちゃになっている。いくら敵を倒すためとはいえ、あんなヒーローは願い下げだ。はた迷惑極まりない。

主な能力の活用法

- ◆ 酸性雨を降らせて物体を溶かす
- ◆ 大津波で相手を飲み込む
- ◆ 雨を降らせて火災を鎮静する
- ◆ 灼熱・極寒の地でも自分の周りの環境を適温に保ち、身を守る
- ◆ 竜巻を起こして相手の攻撃を吹き飛ばす
- ◆ 毒のスコールで麻痺させる

- ◆ 干ばつを引き起こして水分を奪い、干からびさせる
- ◆ 気温を著しく上昇・低下させて、相手の体の機能を衰退させる
- ◆ 天気を自由自在に操り、雨の日も晴れに変える
- ◆ 蜃気楼を発生させて相手を翻弄する

能力を描写する関連語と文章表現

- ◆ 空高く巻き起こった竜巻が、すべてを飲み込みながら猛スピードで近づいてくる
- ◆ 上がり続ける気温に汗が噴き出し、ノイズがかかったように意識がもうろうとする
- ◆ 異様に鮮やかな色をした雨が降り注ぎ、触れるものすべてを溶かしていく

- ◆ 激しく地面を打ちつけていた雨が止み、雲がどんどん流れて太陽が顔を出した
- ◆ 真夏だというのに、針で刺すように冷たい吹雪が襲いかかり、体温を奪っていく
- ◆ 濃霧が辺りを覆い尽くし、どこを見ても真っ白で何も状況を掴むことができない

やりたい放題の広範囲型能力

　気候・天気にまつわる能力の扱いには注意が必要です。その主な理由は、**キャラクターのイメージに大きく関わるからです**。[主な能力の活用法]を見れば、どういうことかおわかりいただけるはず。

　「酸性雨を降らせて」、「竜巻を起こして」、「大津波で」、「毒のスコールで」、「干ばつを引き起こして」「蜃気楼を発生させて」——。

　自然を相手にやりたい放題です。敵側に大ダメージを与えられるものの、これでは罪のない多くの人々が巻き添えになります。街は破壊され、農作物は死滅し、辺り一帯に甚大な被害をもたらすでしょう。

　いくら悪者を倒すためとはいえ、正義の味方がこのような蛮行に及んでしまえば、総スカンどころか激しく恨まれてしまいます。

　ところが、憎き敵役である悪者の所業とすれば、状況は一転。**元来が悪党だけに、やりたい放題の許されざる蛮行は、読者の反感や嫌悪を買う格好の要因となって、展開を大いに盛り上げます。**

　一方、悪者が引き起こした悪天候や異変を、正義の味方が穏やかな状態に戻すのはありです。被害の描写にはくれぐれも注意して創作しましょう。

気候・天気の能力は悪役だと盛り上がる

音

【類語】

爆音　騒音　消音　超音波　音響　音楽　声　振動　リズム　ノイズ

【能力を用いた例文】

何かが妙だ。奴が指を動かすだけで耳障りな音が聞こえてくる。かと思えば、突然無音になる。頭痛まで襲ってきた。これが奴の能力なのか？

主な能力の活用法

- ◆ 爆音を鳴らして敵を威嚇する
- ◆ 音を消して敵に近づく
- ◆ 音を具現化させてそのまま相手にぶつける
- ◆ 相手をリズムに乗せて延々と踊らせる
- ◆ 超音波を発して頭痛を誘発し、動けなくさせる
- ◆ 遠くの音や声を聞き取り、敵の居場所を探索する
- ◆ 空気を大きく振動させて衝撃波を打ち込む
- ◆ 自身の声を変声させてほかの人になりすます
- ◆ 子守歌で相手を眠らせる
- ◆ 歌唱によって傷を癒す

能力を描写する関連語と文章表現

- ◆ けたたましく鳴り響く爆音に、ただ耳を押さえてしゃがみ込むことしかできない
- ◆ 音が放たれた瞬間、思いもよらないほどの激しい衝撃波が全身を駆け巡った
- ◆ いつまでも聞いていたい安らかな歌声に、傷ついた体がじわじわと癒されていく
- ◆ どこからか聞こえてくる音に耳を澄ませていると、世界がゆがんで目の前が真っ暗になった
- ◆ つんざくような高音が部屋中に響き渡り、それを聞いた者たちの意識を奪っていく
- ◆ 笛から奏でられる音は実体を持って遠くへ降り注ぎ、街全体を覆う巨大な結界が完成した

PART.1 「自然」に関する能力

リアルな音の描写で物語に臨場感をプラス

あらゆる「音」を自在にコントロールできる能力。

これまで解説してきた数々の自然系能力からすると、あまり華がない力に感じられるかもしれませんが、それはちがいます。

私たちは普段の生活で常に音を受け入れながらも、特別意識せず暮らしています。もし、金属を激しく擦る嫌な音が鳴り止まなければどうしますか？　凄まじい絶叫が轟き続けたらどうでしょう？　耳鳴りのような鼓膜を刺す鋭利な音が延々続く状況で眠れますか？

何より、もっとも恐ろしいのは無音の状態です。聴覚が奪われたように一切の音が聞こえなくなれば、たとえ目が見えていても気配を感じ取る能力は半減します。音というのはそれほどまでに感覚のなかで重要なポジションを占め、それを操れる能力の持ち主とは、強大な影響を他者に及ぼし得るのです。

ただし、難点がひとつ。文字という視覚情報で、音をリアルかつ印象的に描写して物語に仕上げるのは、プロであっても困難を極めます。最後まで書き切れるか、まずは綿密なプロットを組み立てて検証しましょう。

音には雄弁に物語る力がある

血液

【類語】

血　血潮　血しぶき　生き血　鮮血　血流　輸血　出血　血球　血管　赤血

【能力を用いた例文】

血を吸われた人が次々といいなりになっていく。まるで奴隷だ。しかもあの悪魔はどんどん巨大化する。弱点を見つけて倒さなければ地球が危ない。

主な能力の活用法

- ◆ 自身の血液を自在に変質させて武器化する
- ◆ 血を与えた生物を従わせる
- ◆ 血を霧状に噴射して相手の視界を奪う
- ◆ 血液を硬化させて止血する
- ◆ 血の巡りをよくして体力を回復・維持する
- ◆ 相手の血液を奪って取り込み、自身の力を増幅させる
- ◆ 血を紐・網状に形成し、相手を捕縛する
- ◆ 相手の血管に毒を流す
- ◆ 輸血して仲間を助ける
- ◆ 吸血して相手を弱らせ、免疫能力を低下させる

能力を描写する関連語と文章表現

- ◆ 切り口から鮮やかに散った血潮が針へと変形し、一斉に飛びかかってくる
- ◆ 血を口に含んだ途端、眷属（けんぞく）の証が光を放ちながら手の甲に浮かび上がった
- ◆ 自身を斬りつけたかと思うと、飛び出した血はみるみる膨れ上がり、巨大な剣となった
- ◆ 油断した隙に背後から牙を立てられ、血を吸われるほどに意識が遠のいていく
- ◆ 新鮮な血液が体の隅々まで行き渡り、溢れんばかりに力がみなぎっているのを感じる
- ◆ 剣に付着した血は、まるで生きているかのように空中に浮遊し、持ち主のもとへと帰っていく

悪魔的ヒールが似合うホラーの代名詞

　体内に流れる「血液」を自在に操れる者がいるとすれば、禍々しくも強大な能力を有する悪鬼の如く、社会を恐怖のどん底に陥れるでしょう。しかも、血を介して展開される能力は、相手に致命的なダメージを与えて支配下に収めながら、自らの命にエナジーとパワーをもたらすのが定番。

　ただここで、どういう世界観の物語がふさわしいかを考えた場合、まず頭に浮かぶのは、**宇宙からの謎の侵略者や凶悪な地球外生命体が登場する物語ではないでしょうか**。あるいは、吸血種族によるゴシックホラー的ハイファンタジーも考えられます。

　しかし、この手のホラー系ジャンルでは、あまたの作品が世に出回っています。とりわけ欧米人はヴァンパイア＆スプラッターものを好む傾向にあり、映画界ではゾンビと並ぶB級ホラーの代名詞といわれています。

　血液に特化した能力を持つキャラクターは、世の大敵となる悪魔的ヒールが似合うものの、世界観の設定とキャラ造形には創意工夫が必要です。加えて、血液の描写が随所に盛り込まれる作品はマニア向けで、好き嫌いが極端に分かれがち。このあたりも念頭に置いて創作しましょう。

グロテスクな描写は読者の好みが分かれる

気持ち悪い……

腐食・腐敗

【類語】

腐乱　腐臭　劣化　サビ　カビ　発酵　朽ちる　傷む　浸食　変色　ゾンビ

【能力を用いた例文】

彼女が手をかざすだけで刀剣がボロボロに朽ちた。魔法を見ているようだ。
魔女なのか？　いや、ただひとついえるのは、味方でよかったということ。

主な能力の活用法

- ◆ 武器を劣化させてボロボロの状態にする
- ◆ 植物や生物の腐敗を促進させる
- ◆ 腐臭で相手の力を奪う
- ◆ 食料を瞬時に発酵させる
- ◆ 自身をゾンビ化させて不屈の状態を保つ
- ◆ 敵に触れて体を腐らせる

- ◆ 建物を老朽化させて崩壊しやすくする
- ◆ 物体をピンポイントに腐敗させ、小細工を仕掛ける
- ◆ 身からサビを出して固め、相手の攻撃を防御する
- ◆ カビの胞子を自在に放出して、空気を汚染する

能力を描写する関連語と文章表現

- ◆ 鋼の武器がみるみるうちに朽ちていき、ものの数秒で見るも無残に崩れ去った
- ◆ もとの状態がわからないほどドロドロに腐敗した死体を見て、誰の仕業かを悟った
- ◆ 触れた指先からじわじわと腐敗が進み、耐えがたいほどの激痛に襲われる

- ◆ 放たれた胞子は体を侵食し、もはやぜえぜえと息を吐くことしかできない
- ◆ 突如目の前の橋がボロボロに崩れ、我々は逃げ道を失った
- ◆ ドアノブに手をかけて瞬時に腐敗させ、扉を開閉できなくする
- ◆ 何もかも朽ち果て、辺り一帯がどす黒く染まっていく

能力はどう身につけた？エピソードも大切

　一見すると退廃極まりない能力です。何しろ「腐食・腐敗」が得意なわけですから。ある意味、この能力は盲点です。ファンタジーやSFでもあまり見かけません。**それゆえに、世界観とキャラの設定をつくり込めば、オリジナリティ溢れるユニークな展開になる可能性を秘めています。**

　まずポイントは、どういう原理で腐食・腐敗させられるのか。

　ひとつは、時間軸を操り、腐らせるという解釈です。とすれば、対象に流れる時間を進め、朽ち果てさせることが可能となるでしょう。

　もうひとつは、特殊な細菌を使って腐らせるという解釈です。目に見えない菌類や合成物質を生み出すことで、異常な劣化を可能にします。

　そして次に考えるべきは、なぜそのような特異な力を身につけたかというエピソードです。臨床実験で事故が起きた、地球外生命体とコンタクトした、種族としての遺伝子を唯一備えているなど、着想が広がります。

　けっして派手な能力ではありませんし、主役級キャラに背負わせるメインスキルでもありません。とはいえ、**こういったニッチな能力を閃きで開花させ、独自にキャラ立ちさせてこそ、書き手の醍醐味が味わえます。**

能力設定は4段階のステップでまとめていく

①どういう力なのかを具体的に解説	➡	興味喚起
②なぜ可能なのか、説得力ある裏づけを	➡	納得感
③いかにして身につけたかエピソードを	➡	理解度促進
④能力制限や弱点をつけ加える	➡	共感・応援

対照的な能力のバトルが〝見せ場〟を生む

　物語に戦闘能力を登場させた先には、必ずバトルが繰り広げられます。敵との激しい戦いがあるからこそ能力の本領を発揮でき、エキサイティングな展開を描けるからです。

　とはいえ、ただやみくもに２つの能力が戦うだけでは不完全です。大切なポイントは、敵対する相手の能力との、レベルと関係性にあります。しのぎを削って拮抗する絶妙なパワーバランスや両者が対峙する宿命と背景の説得材料がなければ、物語は面白くなりません。

　ひとつの王道パターンとして、対立構図があります。

　PART.1の「水」の能力でも触れた、ライバル的能力が「火・炎」であるというくだりです。まるで相容れない対照的なモチーフの能力がぶつかり合うと、反目して戦闘に発展する意義や必然性がもたらされ、さらには攻防にスリリングな見せ場が生まれます。

　たとえば打撃が得意な選手と関節技が巧みな選手の格闘技戦が盛り上がるように、両者の持ち味が極端に異なれば、予想だにしない展開が待つため観る者はヒートアップします。

　PART.1で解説した能力から抜粋するなら、「光vs闇」や「金属vs腐食」も対立構図の一例です。

　能力バトルは息をつく暇もないほどドラマティックな盛り上がりを描くことが必須。つまりは、真逆の能力の衝突こそが真骨頂といえます。このセオリーを覚えておきましょう。

バトルシーンで大活躍

身体の「強化・変化」を伴う能力

本章のPOINT

PART.2

身体の強化は
物語にスピード感を与える

　バトルシーンには身体を強化する技が欠かせません。体を硬くして敵の攻撃を無効化したり、体の一部を変化させて敵を攻撃したりといったシーンは、「あるある」な設定といっても過言ではないでしょう。

　自らの体を武器とする能力のメリットは、物語にスピード感を与えられることです。前章で紹介した自然を扱う能力は、ダイナミックなシーンを表現できる一方で、ストーリー展開のテンポが遅くなってしまうという弱点があります。

　それに対して身体強化・変化の能力は、バトル序盤から終盤にかけて、次々に技を繰り出すシーンで効果を発

揮します。**めまぐるしいスピードで展開するバトルをハ
ラハラしながら追うという、ファンタジー作品の醍醐味
をつくり出すことができるのです。**

　また、バトルが膠着状態に陥ったときの「飛び道具」
として登場させることも可能です。空中浮遊の能力を
使って地上戦から空中戦に発展させたり、姿を変えたり
して、飽きのこない展開を実現できます。

　**ただしここで注意したいのは、スキル制限を忘れない
こと。**発動できない環境条件や時間制限などの設定がな
ければ収拾がつかなくなってしまいます。

　本章で、身体を使った能力の活用方法や取り入れると
きのポイントを理解して、迫力のある物語創作に生かし
てください。

硬化

【類語】

硬変　硬直化　固化　石化　凝固　剛性　硬質　強張る　ハード

【能力を用いた例文】

無敵を誇る騎馬隊で囲い込み、槍でめった刺しにしたが、敵は無傷のままだ。と、鋼のようなこぶしを突き上げてきた。騎馬隊が次々と倒される。

主な能力の活用法

- ◆ 体を硬化して攻撃をガードする
- ◆ 周りの液体を固めて武器にする
- ◆ 相手を硬直させて動けなくする
- ◆ 体の一部を硬化し、鈍器のように用いて攻撃する
- ◆ 硬化した髪の毛で突き刺す
- ◆ 水辺や沼地で足場を固めて歩けるようにする
- ◆ 体の一部を硬質な刃物に変えて切り裂く
- ◆ 血液を凝固させて止血する
- ◆ 触れたものを石化する
- ◆ 物体の硬度を上げて丈夫にする
- ◆ 着衣を硬化して鎧にする
- ◆ 硬化により、炎に触れても火傷しない体になる

能力を描写する関連語と文章表現

- ◆ その手に触れられた者はみるみるうちに石化し、恐怖におびえたまま石像となった
- ◆ 凄まじい斬撃が命中するも、硬化した頑丈な体には傷ひとつついていない
- ◆ 鋼鉄に変化したこぶしを振り上げ、うごめく魔物めがけて渾身の一撃を放った
- ◆ 水しぶきが一瞬にして固まり、その鋭い先端が体を貫いた
- ◆ 体を縛る紐が固く変化し、いくらあがいてもびくともしない
- ◆ 鎌のように強硬で鋭利な鉤爪（かぎづめ）を使い、作物を収穫する
- ◆ 硬質化した大量の雨粒は、ターゲットに向かって一直線に打ち放たれた

味方にほしい無敵の防御力

　生身の人間の弱さが〝柔らかさ〟にあることに、お気づきでしょうか？歴代の戦士たちが重いプレートアーマーや甲冑で全身を覆ったのは、もちろん敵の刀剣や矢じり、銃撃から身を守るためであり、**もし攻撃に対する頑強な耐性が備わっている軍勢がいたら、戦局は激変するでしょう。**

　全身にまとう装着型防具は紀元前の昔に誕生し、可動性や防御力を高めるため、世界各国で独自の進化を遂げてきたといわれます。つまり、古今東西の戦士にとって人体の〝柔らかさ〟の克服は永遠のテーマでした。

　そこで「硬化」です。戦闘に際して自らの意志で肉体を鎧化できれば、向かうところ敵なし。さらには左頁にあるように、「鈍器のように用いて攻撃する」、「刃物に変えて切り裂く」と、防備の範疇を超え、全身を武器化した無双のファイターへと生まれ変わることができます。

　一見シンプルに思える硬化の能力ですが、**じつは人類が渇望した戦士の理想形なのです。** ゆえに、硬化を強みとする無敵キャラはしばしば漫画や映画に登場します。既存の作品と差をつけるには、能力の特性や戦う敵の設定を十分に練り、独自のエンタメ性を追求することが必須です。

硬化キャラにはすでに多様なスタイルが存在する

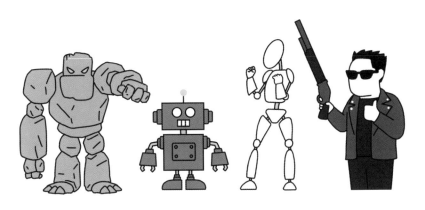

軟化

【類語】

柔軟　軟体　弾力　流動　液状化　スライム化　ゼリー状　粘性　アメーバ

【能力を用いた例文】

勇猛に戦いを挑んできたと思ったら、何だ、こいつ？　俺の攻撃を、体を
スライムのようにグニャグニャにして躱(かわ)した。これでは勝負にならない。

主な能力の活用法

- ◆ 体を軟化して衝撃を和らげる
- ◆ 攻撃を受け止め、弾き飛ばす
- ◆ 手足を自由自在に伸ばして遠距離から攻撃する
- ◆ 足場をふにゃふにゃにして立てなくさせる
- ◆ 軟化した体を相手に巻きつけて捕縛する
- ◆ 体を一部液状化させて水刃のようにし、斬撃する
- ◆ 狭い場所をすり抜ける
- ◆ 相手の武器をドロドロに軟化させて使えなくする
- ◆ 体を極限までねじり、その反動で攻撃の威力をアップさせる
- ◆ 軟体化して足音を立てずに動く

能力を描写する関連語と文章表現

- ◆ 放たれた砲弾が軟化した肌に食い込み、勢いよく跳ね返った
- ◆ 長く伸びた腕がしなり、こぶしが風を切りながら向かってくる
- ◆ 鋭利な刀身に触れると表面が波打ち、ぐにゃりと折れ曲がった
- ◆ くねくねと伸びる体を敵に巻きつけ、身動きがとれないよう締め上げていく
- ◆ 牢屋の前に立つ看守の目を盗み、スライム化した体で鉄格子をすり抜ける
- ◆ 弾んだ衝撃で地面が激しく揺れ、音を立てながら周りの家屋が崩れていく
- ◆ ゆらゆらと音もなく背後に近づき、伸び広がった体で覆い被さろうと動いた

頼りない感じが逆に現代読者に刺さる

〝柔よく剛を制す〟という言葉があります。

意味は、「柔軟性のあるものは、そのしなやかさによって、かえって剛強なものに勝つことができる」です。前頁では、生身の人間の弱さが〝柔らかさ〟にあると書きました。ここで触れる「軟化」の能力は、強い力に強い力で対抗するのではなく、徹底した〝柔らかさ〟を防御や攻撃にアレンジします。とはいえ、**軟化という語彙から連想される通り、活用方法は今ひとつパッとしないものが多い印象です。**「体を軟化して衝撃を和らげる」、「足場をふにゃふにゃにして立てなくさせる」、「軟化した体を相手に巻きつけて捕縛する」と、ビジュアル的に難があるうえ、相手に致命傷を与えて劇的勝利を収めるには、ちょっと荷が重い感じすらします。

ですが、あえてこの頼りなさげな能力を採用してはいかがでしょうか？**なぜなら多様性が叫ばれる昨今、こうした〝ガチに向き合わない〟姿勢は心に刺さると賞賛され、大いに共感を呼ぶからです。**まさに〝柔よく剛を制す〟の精神にならい、逆転の発想で軟化の能力を主人公に付与して活躍させれば、令和版の新ヒロイズムとして意外な人気を博すかもしれません。

何がウケるかわからない昨今にはありかも

061

粘着

【類語】

接着　密着　固着　付着　粘液　ねばり　粘土　貼る　吸着　テープ　のり

【能力を用いた例文】

男は黙り込み、突然雄叫びを上げた。次の瞬間、緑色のドロドロした液体を口から噴き出した。ああ！　取り囲んでいた連中がみるみる溶けていく。

主な能力の活用法

- ◆ 壁や天井にくっついて移動する
- ◆ 相手を地面に接着して動けないようにする
- ◆ 粘液を噴射して視界を奪う
- ◆ くっつけた物体を振り回して攻撃する
- ◆ 粘液で攻撃を滑らせて回避する
- ◆ 粘液で囲って逃げ道をふさぐ
- ◆ 接着したものに体を引きつけて瞬時に移動する
- ◆ 銃弾を粘液でキャッチする
- ◆ 毒を含んだ粘液を放出して相手を麻痺させる
- ◆ 粘液を糸状に編み出して獲物を捕まえる
- ◆ 触れたものを粘液で溶かす

能力を描写する関連語と文章表現

- ◆ 逃げようにも、足もとにまとわりついた粘液のせいで動くことができない
- ◆ 撃っても撃っても銃弾は粘液にからめとられ、まったく使いものにならない
- ◆ ひっついた粘液は服を溶かし、肌へと到達して焼けるような痛みが走る
- ◆ そびえ立つ絶壁に手足をくっつけ、いともたやすく頂上に向かって登っていく
- ◆ 巨大なクモの巣に引っかかり、ネバついた糸が全身にからまってほどけない
- ◆ 粘着質な液体が飛び散り、目に入ってどうにも開けることができずに立ち尽くした

嫌悪感を武器に最恐キャラを目指す

現実世界にも「粘着」質な人がたまにいます。ちょっとしたミスに対し、グチグチ絡んでくる人。一方的にまとわりついて、さも親しげな距離感で詰め寄ってきたり、しつこく連絡してきたりする人。

こういう人に出会うと、ある意味、粘着とは武器だと感じませんか？

もし物理的な粘着を特殊能力として備える人がいたら、さらに恐ろしい存在となることでしょう。想像してみてください。突然、体から謎の粘液を噴き出して壁や天井にくっついて移動する人を。口から噴射された粘液で視界が奪われることを。あるいは手に触れたものをベトベトの粘液で溶かす人を。本当にぞっとします。おそらく多くの方は、ヌルヌルネバネバした生き物に苦手意識を持っていて、粘着質なものに嫌悪感を抱きがちです。前振りがとても長くなりましたが、つまりはそういうこと。

この傾向を利用しない手はありません。**粘着能力を持つキャラを悪い敵や憎まれ役として設定すれば、効果絶大なのです。**ここぞとばかりにおぞましい粘着性スキルを披露し、爽やかな主役キャラたちを悶絶させ、苦しませましょう。

ヌルヌルネバネバした生き物は嫌われがち

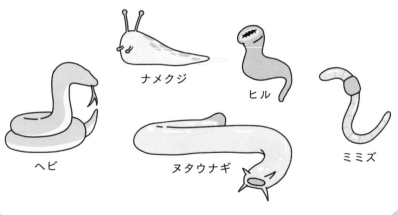

ナメクジ　ヒル　ミミズ　ヘビ　ヌタウナギ

パワー強化

【類語】

増強　増幅　活性化　補強　グレードアップ　気力　筋力　剛力　激化

【能力を用いた例文】

ひとりじゃ勝てなかった。けど、チーム全員の能力を合わせれば、信じられないパワーを発揮できた。本当のパワー強化の意味がやっと理解できた。

主な能力の活用法

- ◆ 潜在能力を開放する
- ◆ 嗅覚を強化して追跡を行う
- ◆ 聴覚を強化して敵の会話を盗み聞きする
- ◆ 視覚を強化してすべてを見通す
- ◆ 筋肉量を増加して一時的にパワーを上げる
- ◆ 仲間の攻撃力をアップさせる
- ◆ 防御力を上げて攻撃のダメージを軽減する
- ◆ 脚力を上げて高速で移動する
- ◆ 筋肉量を増加して体を巨大化する
- ◆ 化学反応を激化させて大爆発を引き起こす
- ◆ 細胞を活性化させて若返る

能力を描写する関連語と文章表現

- ◆ 握った剣に力を込めると、妖しいオーラが刀身にまとわりつき、一層鋭さが増した
- ◆ 千里眼を駆使して、隠れた敵を見つけ出しては次々と戦闘不能にしていく
- ◆ 詠唱が終わった直後、体を包み込んでいた光が消滅し、パワーに満ちた状態となっていた
- ◆ 膨らむように筋肉が盛り上がり、細身の少年は一瞬にして筋骨隆々とした大男になった
- ◆ 嗅覚を研ぎ澄ませ、かすかな残り香を頼りに犯人の逃走ルートを辿っていく
- ◆ 耳を澄ませると、周囲の雑音に紛れていたはずの目当ての話し声が聞こえてきた

仲間と共闘させれば熱いバトルを描ける

　瞬時に自分のなかのスイッチをオンにする「パワー強化」の能力は、2つのポイントを順守して設定・造形するよう心がけましょう。

　まず、**ひとりのキャラがひとつの能力に特化するだけではインパクトの弱さが否めません**。ラインナップの拡充を図れば、キャラの役割分担と個性の描き分けを明確にでき、展開を盛り上げる仕掛けとなります。たとえば5人の仲間が五感（視覚／聴覚／触覚／味覚／嗅覚）それぞれを強化できる能力を備えるとします。そして5人が力を合わせて五感を連携させれば、さらなるパワーで敵を打破できる、という設定にすればどうでしょう。

　各能力の特徴とキャラの個性を絡めつつ、一致団結する過程のドラマも盛り込めます。いわゆるスーパー戦隊もののコンセプトです。〝ひとりで勝てなくても力を合わせれば勝利できる〟という等身大のヒーロー像は今なお不滅の王道パターンですので、ぜひ踏襲してみてください。

　もうひとつは、「なぜ5人が能力を持ったのか？」という背景や理由をつくり込むこと。パワー強化するスイッチが何かを明らかにし、説得力と必然性、そして目的を序盤でクリアにしなければ面白味が半減します。

パワー強化は仲間と力を合わせる
二段階式にすると盛り上がる

第一段階は
個々がパワーオン

第二段階は
全員の力を
集結させてさらに
パワーアップ！

スピード強化

【類語】

加速　俊敏　瞬間移動　電光石火　音速　光速　ブースト　エンジン

【能力を用いた例文】

目を疑った。一瞬で消えたかと思えば、俺の背後に回り込んで剣を喉もとに当てている。なんという能力だ。甘く見ていたことを悔いるが手遅れだ。

主な能力の活用法

◆ 遠い場所にも一瞬で到着する
◆ 高速回転して敵を吹き飛ばす
◆ 高速移動で姿を消す
◆ 残像を伴う高速移動によって敵を翻弄する
◆ 敵の攻撃を素早く避ける
◆ 高速移動による摩擦で発火を引き起こす

◆ 敵の攻撃が遅く見える
◆ 分厚い資料も速読できる
◆ 素早い攻撃で先制をとる
◆ 腕をプロペラのように高速回転させて空を飛ぶ
◆ 気づかれない速さで盗む
◆ 触れたものの移動スピードを加速させる

能力を描写する関連語と文章表現

◆ 数メートル先にいた姿が一瞬にして目の前まで接近し、喉もとめがけて刃を突き立ててくる
◆ 降りかかる銃弾を目で捉えながら、俊敏な動きでそのすべてを躱していく
◆ 通り抜けるように風が吹いたかと思うと、気づいたときには仲間がみな倒されていた

◆ 回転する体は空気をも巻き込み、竜巻の如く敵陣に追突した
◆ 一気に加速して隙間を縫うように街を駆け抜ける
◆ 目の前を走る馬に触れた途端、意思とは関係なくその馬は猛スピードで前進し出した
◆ あまりの速さに残像がちらつき、どこを狙うべきかわからない

障害やピンチが物語をより面白くする

「スピード強化」とは、広義で〝時間を味方にできる〟能力です。

その活用分野は多岐にわたり、高いポテンシャルで人助けや世直しのために役立ちます。なんといってもこの能力の素晴らしさは、**ヒーローにふさわしい華やかさとスマートさが共存している点です**。高速・加速が売りの能力だけに、瞬く間に敵を翻弄する防御力と、一瞬で敵を打ち倒す攻撃力を備えます。一方で、この手の圧倒的な能力が登場する物語は注意が必要。ポイントは、世界観の選定にあります。

例を挙げるなら、ひとつは SF です。先進技術で超越した力を手に入れたなら説得力が生まれます。もうひとつはファンタジーです。魔力や魔術、先天的な種族の血の覚醒といった超常的領域に委ねれば、誰もが納得できます。このように、能力に見合った世界観の選定で物語の舞台を固めつつ、要となる能力制限も付加しましょう。SF ならパワーが大幅に消耗して活動停止に陥る、ファンタジーなら視覚が弱って視野が失われるなど、大ピンチを誘発するマイナス要素が必須です。**それらを克服して、読者の胸を打つ戦いの過程を描いてこそ、面白い物語が成立します**。

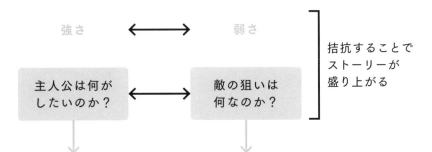

届けたいメッセージがなければ物語は成立しない

| 強さ | ←→ | 弱さ |

| 主人公は何が
したいのか？ | ←→ | 敵の狙いは
何なのか？ |

拮抗することで
ストーリーが
盛り上がる

葛藤の果てにある勝利の物語を通じて
書き手のメッセージを伝える

バリア・回避

【類語】
防御　遮蔽（しゃへい）　防壁　シールド　結界　盾　守備　ガード　抵抗　パス

【能力を用いた例文】
「シールドを破るには危険が伴う」隊長がいうと、ひとりの兵士が答えた。
「俺が行きます」命をなげうった彼の活躍でバリアを破り、敵を倒せた。

主な能力の活用法

◆ バリアを張って攻撃を弾く
◆ 受けたダメージを吸収する
◆ 結界内に敵を封じ込める
◆ どこにでもバリアを張って足場をつくり出す
◆ バリアを四方から突撃させて敵を圧迫する
◆ 展開した板状のバリアで殴る

◆ バリアで遮音して機密情報の漏洩（ろうえい）を防ぐ
◆ バリアをまとって水中や毒ガスのなかを進む
◆ 周りの景色と同化するバリアを張って擬態する
◆ 物体をバリアで囲い、壊れないよう保護する

能力を描写する関連語と文章表現

◆ 手をかざすと前方にシールドが現れ、向かってくる大量の矢から私たちを守った
◆ 強い念を込めて呪文を唱え終わると、透明なバリアが広がり、街全体を覆った
◆ 無数のバリアが直線状に並び、頂上へと進むための階段が出来上がった

◆ やっとの思いで手に入れた光り輝く宝石を、傷がつかないようにバリアで囲って保管しておく
◆ 作戦会議が行われるエリアにバリアが張られ、なかの会話が何も聞こえなくなった
◆ 展開したバリアに身を隠すと、透明から緑へと色が変わり、森と同化した

どう破られるかで終盤の展開が変わる

　使い方によって相手への攻撃として転化できるものの、おおむね「バリア・回避」は防備の能力です。**そしてこの能力の押さえどころは、鉄壁の守りを誇りながらも〝どうやって破られるか〟に尽きます。**ゆえに原則として、物語中で必ず壊されて終わる、という理解で登場させてください。

　よくある例としては、宇宙SFものです。未来設定で描かれるこのジャンルの物語には、高確率でバリア・回避の能力が登場します（主に「シールド」と呼ばれます）。敵の宇宙人の超巨大戦艦に地球軍が攻撃を仕掛けても、シールドによってことごとく跳ね返されます。よっていつの間にか、敵をやっつける＝シールドを破る、ということに問題が移行。クライマックスまで人類は悪戦苦闘するものの、ラストでは一兵士の命を犠牲にシールドを打ち破り、宇宙人を迎撃し、世界に和平が訪れます。

　防備能力の代表格であるバリア・回避ですが、**善より悪に付与したほうがベターなのは、憎らしいほど強いという演出を施せるからです。**そして鉄壁のバリアのはずが拍子抜けするほど脆い弱点を備え、最後はあっさり破られて終わります。つまり、この能力はフラグとしても使えるのです。

味方の命を犠牲に敵を打破する王道展開でバリアは必須

飛行・空中浮遊

【類語】

飛翔　飛躍　浮上　滑空　舞う　羽ばたく　フライ　空　宙　漂う

【能力を用いた例文】

私は自分じゃ空を飛べないけど、このほうきがあればひとっ飛び。でも、今日に限ってほうきがいうことを聞かない。これから大切なデートなのに。

主な能力の活用法

◆ 空を飛んで目的地まで移動する

◆ 高いところから落下して攻撃に勢いをつける

◆ 触れたものを浮遊させる

◆ 飛行しながら遠隔で敵に攻撃を仕掛ける

◆ 空飛ぶほうきに乗って急上昇・急下降する

◆ 飛行によって生じた風を利用し、敵を吹き飛ばす

◆ 自由自在に浮遊して攻撃を躱す

◆ 飛行中に敵を捕まえ、遠く離れた場所へ飛ばす

◆ 上空から敵を偵察する

◆ 高いところにあるものを浮遊してキャッチする

能力を描写する関連語と文章表現

◆ 腕を上下に振ると、体がふわりと浮かび上がり、ぐんぐん空へと昇っていく

◆ 敵の死角となる上方から攻撃しようと、空中で銃を構えて狙いを定める

◆ 塔の上から飛び出し、下へと落下する勢いそのままに敵の頭上へと迫った

◆ 空中に浮かぶほうきに飛び乗り、広い海の上を風を切りながら飛んでいく

◆ 猛スピードで飛行し、仲間の体をなんとか掴んで引っ張り上げ、間一髪救い出した

◆ スピードを惜しまず戦場を飛び回ると、その風圧でみな吹き飛ばされていく

新しい空飛ぶバディで他作品と差をつける

　　ヒーローに授けたい能力総選挙を実施すれば、間違いなく上位に入るのが「飛行・空中浮遊」でしょう。空を自在に飛び回るのは、全人類の永遠の憧れです。今から80年以上も前、1938年に誕生したスーパーマンも、もちろん空を飛びます。以来、飛行・空中浮遊は、あまたのヒーロー＆ヒロインに受け継がれるシンボリックな能力として君臨してきました。

　　一方でこれは私の個人的な意見ですが、昨今のエンタメ作品（特にハリウッド映画）は飛行・空中浮遊の能力で溢れ返り、新鮮味を感じなくなっています。いわば、猫も杓子（しゃくし）も空を飛ぶ状態。フィクション作品ではあまりにポピュラーな能力となり、魅力が半減しているのです。

　　だからこそ注目したいのは、〝**自分は飛べないけど、乗れば飛べる**〟**スタイルです**。たとえば、魔女のほうき。ファンタジーでは魔法使いが巨大な鳥や道具に乗ります。このパターンの面白さは、いつ落下するかわからない危うさと、他者依存型飛行という人間っぽさでしょう。また、空飛ぶバディとのコンビの設定が今さらながら斬新です。飛行・空中浮遊系の能力を描くなら、**ぜひオリジナルの空飛ぶバディを編み出してみてください**。

空飛ぶバディは無限に考えられるので面白い

巨大化

【類語】

大型化　増大　膨張　巨人　特大　オーバー　メガ　ヘビー　ガリバー

【能力を用いた例文】

大怪獣が襲ってきたら、必ずあの巨大なヒーローが助けてくれる。彼はどこからやって来るのだろうか。ピンチに陥ったとき、気がつけば現れる。

主な能力の活用法

- ◆ 大きな足で踏みつぶす
- ◆ 重いものや大きいものを運ぶ
- ◆ 周囲を巻き込んだ大規模な攻撃を展開する
- ◆ 巨大物を跳ね返す
- ◆ 手のひらに人を乗せて高いところや遠いところまで運ぶ
- ◆ 防壁や建物を破壊する
- ◆ 体を膨らませて風船のように空に浮かぶ
- ◆ 体を巨大化して内部から檻を破壊し、外に出る
- ◆ 巨大化した腕で飛んでくる矢をなぎ払う
- ◆ がれきを持ち上げて取り払い、救助活動を行う

能力を描写する関連語と文章表現

- ◆ 巨人が足を踏み下ろすたび、強烈な振動が地に響き渡る
- ◆ わずかな食糧を巨大化させ、飢えた人々に配って回る
- ◆ 街に向かって飛んでくる隕石を、巨大な体躯（たいく）で受け止めた
- ◆ 仲間の前に立ちふさがり、前方から飛んでくる矢を大きな腕を使って一振りでなぎ払った
- ◆ 巨体を丸めて勢いよく転がり、街を破壊しながら人をも巻き込んでぐんぐん進んでいく
- ◆ 巨大化した体で崩れたがれきの山を掘り起こし、下にうずまっている仲間へと手を伸ばす
- ◆ 高くそびえる鉄塔をたやすく引っこ抜き、敵めがけて思いっきり投げ飛ばした

巨大な敵とのバトルに重宝する能力

巨大化には、大きな問題点があります。

たとえば、巨人の軍団と小人の軍団が戦うバトルシーンを観ているとしましょう。あなたはどちらの軍勢を応援しますか？

十中八九、小人側を応援するはずです。読者も然りで、圧倒的に有利なほうに感情移入をすることはそうそうないでしょう。「巨大化」する能力は普遍的な強みであり、圧倒的パワーで戦況を一変させます。**だからこそ大手を振って応援されにくい、損な能力といえるのです。**

人間というのは〝頑張っているけど弱い〟ほうにエールを送る傾向があり、[大きい＝強い]vs[小さい＝弱い] という図式が誰しもの頭に刷り込まれている以上、むやみに巨大化する能力を乱用すべきではありません。

ただし、敵がそもそも巨体だったら話は変わってきます。

敵が巨大な魔獣であったり、人を捕らえて食らう不気味な巨人であったりすればどうでしょう？ **敵と同等サイズに巨大化する能力を持つヒーローが颯爽と登場すれば、誰もが拍手喝采で大声援を送るはず。**

つまり、戦う相手のサイズが最大の問題というわけです。

敵のサイズ感で戦闘構図の印象がガラリと変わる

微小化

【類語】

小型化　縮小　小人　ミニマム　ミクロ　粒　極小　スモール　プチ

【能力を用いた例文】

「奴はどこへ行った？」急に消えた敵を探していた、そのときだ。突然、体内に激痛が走る。「どういうことだ？　もしや俺のなかに奴が入った？」

主な能力の活用法

- ◆ 体を縮めて狭い場所を通過する
- ◆ 気づかれずに敵地へと潜入する
- ◆ 縮小化して攻撃を避ける
- ◆ ミクロサイズまで縮小化し、ウイルスや細菌を退治する
- ◆ 敵の体内に侵入する
- ◆ 大きなものを小型化して運びやすくする
- ◆ 爆弾を小型化させて被害を最小限に留める
- ◆ 虫に乗って移動する
- ◆ 小型化させた敵を密閉容器に閉じ込める
- ◆ 腫瘍を縮小化させて取り除く
- ◆ 自身を小型化して、少量の水や食事で生きられる状態にする

能力を描写する関連語と文章表現

- ◆ 小さな体を駆使して数々のセキュリティをくぐり抜け、敵のアジトへと潜入できた
- ◆ カブトムシの背に乗ると、その触角を掴み、バランスをとりながら飛行する
- ◆ 掴んだ爆弾は米粒ほどの大きさへと変化し、手のなかでパチンと弾けた
- ◆ 術を放って魔獣を小型化させると、逃がさないよう急いで瓶のなかに閉じ込めた
- ◆ 先ほどまで食べていた焼き魚が、小型化した体にとっては大変なご馳走に感じる
- ◆ 小さく変化した体で敵によじ登り、取り出した針で息の根を止めにかかった

予想外の戦法で読者を一気に惹きつける

「微小化」する能力は、そのサイズ感の通り、見逃しがちです。

とはいえ、侮ってはいけません。

この能力の主な活用法を大別すると、[隠れる]、[侵入する]、[逃げる] の3種類。**バトルにおいては攻撃的アドバンテージとなる派手な能力ではないものの、どれもが困った状況下でとても重宝します。**

なかでも独自な活用法が [侵入する] です。

左頁にも「敵の体内に侵入する」とありますが、これは目からウロコの戦法ではないでしょうか。何しろ戦闘とは剣や銃、こぶしで勝負するのが定石なのに、真っ向からその概念を覆して、相手の体のなかに飛び込んで攻め入るわけですから。さらには、サイズを小さくしていけば「ミクロサイズまで縮小化し、ウイルスや細菌を退治する」ことすら可能になります。

こうなれば**細菌兵器をも凌駕する脅威のスキルとして、向かうところ敵なしです。**とはいえ、この能力はファンタジー色やコメディ色が濃くなりがち。物語の世界観に合わせて用いることを心がけましょう。

むやみに使うと「何でもあり」になって、収拾がつかなくなります。

ミクロ化して体内で戦うのも

有効な戦法のひとつ

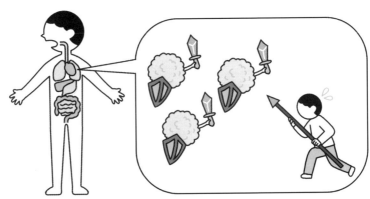

増殖・分身

【類語】

増加　増大　分裂　クローン　複製　コピー　ドッペルゲンガー　繁殖

【能力を用いた例文】

敵の男が面妖な呪文を唱えた瞬間、体が7つに増えて俺を取り囲んだ。これが有名な分身の術か。恐ろしいというより、直に見られて感動した。

主な能力の活用法

- ◆ そっくりな分身を出現させて敵を惑わせる
- ◆ 分身して複数人で敵を襲撃する
- ◆ 生物や物体を増殖させる
- ◆ 生み出した分身を盾にして敵からの攻撃を防ぐ
- ◆ 体を分裂させて攻撃を回避する
- ◆ 触れたもののコピーをつくる
- ◆ 敵の仲間のクローンをつくり、スパイとして潜り込ませる
- ◆ 細胞を増殖させて回復する
- ◆ 分身それぞれに役割を与えて作業を効率化する
- ◆ 分身を囮に使って防御する
- ◆ 本体と分身とで協力して、合体技を浴びせる

能力を描写する関連語と文章表現

- ◆ 目前に瓜ふたつの二者が並んでいるというありえない光景に、混乱するばかりであった
- ◆ 編み出した分身に敵の背後をとらせ、避けられないよう一斉に攻撃を仕かける
- ◆ 自分は料理をつくり、ある分身には掃除を、またある分身には洗濯物を干させている
- ◆ 斬り込まれる瞬間、刃が当たりそうな部位を分裂させ、なんとか攻撃をしのいだ
- ◆ 銃創に手を当て細胞を増殖させると、痕ひとつ残らずもとの状態まで修復した
- ◆ カギに触れて意識を集中させると、もう片方の手のひらにまったく同じ形状の複製が出現した

幻覚？錯覚？分身の方法はさまざま

「増殖・分身」は極めて古典的な能力です。

特に分身の術は、昭和の時代から漫画やアニメで親しまれ、もっともメジャーな忍術としてその地位を確立しました。

ありがちな使い手としては、戦国時代に隠密役として暗躍した忍者。幻術や呪術によって敵の心を惑わして暗示をかけ、自分が何人もいるかのように錯覚させます。

忍者自身が高速移動するとか、高度な修行を成し遂げれば意識を外部に吐き出して己の影武者がつくれるとか、その方法論についてはさまざまです。とはいえ、実在した分身の術は、薬を使って幻覚を見せていたという説が有力とのことですが、何だかほっこりする能力だと思いませんか？

発想が単純というか、ユーモラスというか、子ども騙しというか——物語の設定で、増殖したすべての自分が物理的な力を有して敵を攻撃できるとしても、「どうやって？」という眉唾なクエスチョンが残りがちです。

主人公や仲間が使う能力というよりは、スライムなど納得感のある敵のキャラクターが使ったほうが、読者も腑に落ちるでしょう。

強さよりもエンタメ性に優れた能力といえる

すごいすごい！
もっと増やしてみて！

どうだ！

重力・引力

【類語】

質量　万有引力　遠心力　反重力　無重力　宇宙　負荷　グラビティ

【能力を用いた例文】

ありえない。重力や引力の法則を無視して、惑星がこっちに向かってきた。
このままでは宇宙船に衝突してしまう。なんと強大な能力を持つ敵だ。

主な能力の活用法

- ◆ ブラックホールを出現させて、あらゆるものを飲み込ませる
- ◆ 無重力化して体を浮遊させる
- ◆ 強力な重力空間をつくり出し、敵の動きを鈍らせる
- ◆ 引力を強めて物体を引き寄せる
- ◆ 重力を一気に放出させて、敵の軍勢を消し去る
- ◆ 体重を増減させる
- ◆ 重力のかかる方向を変える
- ◆ がれきの動きを変えてどかし、仲間を助ける
- ◆ 重力を弱めて高く飛躍する
- ◆ 反発力を効かせて物体を砲弾のように飛ばす
- ◆ 浮かせた物体に乗って移動する

能力を描写する関連語と文章表現

- ◆ 強い重力で空間がゆがむと大きな黒い穴が出現し、１万の兵があっという間に消え去った
- ◆ ひどく重い鉛がのしかかっているかのように、ピクリとも体を動かすことができない
- ◆ 軽くジャンプをしただけで、雲に届きそうなほど高い位置まで体が浮かび上がった
- ◆ 打撃すると同時にハンマーへ重力をかけると、敵は遠くまで吹っ飛んでいった
- ◆ 地に転がった岩石が浮遊し、引き寄せられるように一点に向かって飛び出していく
- ◆ 重力のベクトルを横に変えると、こちらに向かってくる敵は壁に叩きつけられた

大規模なスケール感は主役級キャラに最適

　大物感のある能力といっても過言ではありません。「重力・引力」を司るとなると、宇宙規模のスケール感を彷彿させます。

　私たちが地球上に立っていられるのも、何かを手にしたときに重さを感じるのも、すべて重力・引力のおかげです。宇宙論では重力と万有引力は同一のものとして扱われ、宇宙に存在するあらゆる物体に作用する力だと捉えられています。それほど大それた能力だけに、**戦う相手に対して重力・引力を用いれば、意のままに操ることができます。**

　では、この能力にふさわしいキャラは？　と考えた場合、善悪の隔ては関係ありません。どちらの属性でも絶対的存在として君臨できるでしょう。

　ただいえるのは、主役級のラスボスかヒーロー（あるいはヒロイン）に適しているということ。**脇役にこの能力は荷が重すぎます。**

　もうひとつ大切なのは、物語のテーマと世界観です。身近な現実世界が舞台のローファンタジーでは、能力の見せ場が限定されてしまいます。できれば時空をまたぐ壮大な宇宙・歴史ファンタジーで、余すところなく能力を駆使したダイナミックなバトルシーンを展開してみてください。

壮大なスケールの物語に似合う希少な能力

村人Aの重力攻撃

モブキャラが重力攻撃！？

重力といえば主役級だろ…

回復

【類語】

治癒　治療　修復　ヒーリング　蘇生　再生　解毒　復活　手当て　転生

【能力を用いた例文】

どれだけ傷つけても瞬く間に蘇生していく。まさに不死身の体を持つ男だ。対して我が軍は次々とやられていく。私たちにも回復の能力があれば――。

主な能力の活用法

- ◆ 魔法で傷口をふさぐ
- ◆ 生命力を分け与えて傷を癒す
- ◆ 死んだ者を蘇生する
- ◆ 壊れたものを元通りに修復する
- ◆ 回復効果のあるポーションを精製する
- ◆ 患者を繭(まゆ)のなかに入れて集中的に治癒する

- ◆ 失った部位を再生させる
- ◆ 全体回復で仲間全員を治癒する
- ◆ 免疫力をアップさせて、自己回復を促進させる
- ◆ 触れた人の健康状態を感知する
- ◆ 自然回復にかかる時間を縮める
- ◆ 他者の体力を吸収する
- ◆ 状態異常を解除する

能力を描写する関連語と文章表現

- ◆ 天に向かって伸ばした手から光が散乱し、仲間たちへと力が分け与えられた
- ◆ 砕けた水晶の破片が吸い寄せられるように集まり、ピッタリと組み合わさった
- ◆ だらりと横たわる体に触れてありったけの力を注ぐと、眠りから覚めたように息を吹き返した

- ◆ 呪文を唱えながら鍋をかき混ぜると、薬草香る紫色のポーションが出来上がった
- ◆ 包まれた繭のなかは温かく、優しい光に溢れ、体中の痛みがじわじわと薄れていく
- ◆ 魔物の腕を斬り落とすも、傷口から新たな腕が再生し、もとの状態に回復した

自分か人か、使い道でイメージが変わる

　付与するキャラクターが善悪の真逆に分かれてしまう「回復」の能力。その違いは〝人のため〟か〝自分のため〟かという、相反する二方向の選択肢があるがゆえに生じます。

　まず、**〝人のため〟に回復の能力を使うキャラは、聖母のように慈愛に満ちた優しさを持ちます。**戦いに敗れ、不当な暴力で虐げられ、罪なく致命的な傷を負った人々を不思議な力で治癒するこのキャラには、人徳を極め、誰からも尊崇される聖人が似合うでしょう。もちろん正義の側として仲間を支えます。一方、**〝自分のため〟に回復の能力を独占するキャラは、他人を顧みず、自己欲のために生きる傲慢さを持ちます。**自らの肉体が不死身であることを強みに傍若無人ぶりを極めるこのキャラは、忌み嫌われながらも絶大な力で周囲を圧倒。そうなれば当然、悪の側として自己欲をさらに拡大し、罪深き所業で人々を苦しめます。

　回復の能力自体は攻撃性を備えませんが、人に施すか、独占するかで、役割や意味合いが異なってきます。視点を移動させ、能力が及ぼす多様な影響を考えれば、ドラマ性の高い奥行ある物語構成が実現可能です。

能力が及ぼす影響を相関図で分析するのも一手

自分のため	← 能力 →	他人のため
招かれる結果 A	善悪の拮抗で どんなドラマが生まれるか	招かれる結果 B

状態異常

【類語】

睡眠　毒　錯乱　魅了　金縛り　幻覚　麻痺　気絶　めまい　病　不調

【能力を用いた例文】

どうしたことか。全身が痺れてきた。意識が混濁し、視界も霞んでくる。もしかすると私まで妖術にかかってしまったのか？　ダメ、もう動けない。

主な能力の活用法

- ◆ 催眠術をかけて眠らせる
- ◆ 気絶させて戦闘不能にする
- ◆ 敵や生き物に魅了の魔法をかけて従わせる
- ◆ 毒で麻痺させる
- ◆ 幻覚を見せて敵を翻弄する
- ◆ 錯乱状態に追い込み、自分自身や仲間を攻撃させる
- ◆ 威嚇攻撃を仕かけて怯えさせる
- ◆ 呪いをかけて継続的なダメージを与える
- ◆ 敵の技を封印して使えなくする
- ◆ 動きを鈍化させて敵の隙を突く
- ◆ 魚や動物を気絶させて捕らえる
- ◆ 金縛りに遭わせて動けなくする
- ◆ 仲間を眠らせて回復させる

能力を描写する関連語と文章表現

- ◆ あれほど憎かったはずなのに、好意が溢れてどうしても攻撃することができない
- ◆ 毒を浴びた体は痺れ、次第にめまいがし出して立っているのがやっとだ
- ◆ 子守歌が聞こえた瞬間、強烈な眠気が襲いかかり、どう踏ん張ってもまぶたが下がっていく
- ◆ 混乱状態で放った銃弾は敵のほうへとは向かわず、次々と仲間たちに襲いかかった
- ◆ 敵の術中にはまり、金縛りに遭ったようにその場から動くことができなくなった
- ◆ 呪いによって体を蝕まれ、攻撃を仕かけるたびにじわじわと体力が削られていく

戦わずして勝つ！敵にいると厄介な能力

　相手の機能に何らかの支障をもたらし、心身を不調に追い込む「状態異常」の能力は、古くからヒール役に与えられてきた常套スキル。具体的なキャラクターを挙げるなら、魔女や妖術使いが得意とする分野です。

　この能力には、ある特徴と傾向が見受けられます。[主な能力の活用法]をあらためてご覧ください。「催眠術をかけて眠らせる」、「気絶させて戦闘不能にする」、「毒で麻痺させる」、「幻覚を見せて敵を翻弄する」、「金縛りに遭わせて動けなくする」──。

　正々堂々と戦うための武器や必殺技としての能力ではなく、**できれば戦わずして勝利を収めようとする小技ばかり**。何とも卑怯な戦法です。姑息とも言い換えられるでしょう。さらには「魅了の魔法をかけて従わせる」、「敵の技を封印して使えなくする」と、このあたりにも状態異常の能力特有の卑劣で狡猾な謀略が見え隠れします。

　とはいえ、**主人公や仲間をピンチに陥れる卑怯な小技は、物語の展開において欠かせません**。随所でハラハラドキドキを演出するスパイスになるからです。書き手自身がそういう認識でこの能力を使いこなしましょう。

ファンタジーの古典『白雪姫』にも登場するこの能力

変化・変身

【類語】

進化　変形　変貌　変容　変装　化ける　偽装　変成　モデルチェンジ

【能力を用いた例文】

敵の軍勢に囲まれた。崖っぷちで逃げ場はない。年貢の納めどきか。「何いってるの！あなた変身できるんでしょ」そうだった、鳥になればいいのだ。

主な能力の活用法

- スーパーヒーローに変身する
- 魔法使いに変身する
- 武器に変身する
- 年齢を変化させて容姿を変える
- 体の形状を変化させる
- 特定のアイテムを身につけることで変身する
- 異性に変身する
- 声を変化させて他者を装う
- 敵になりすまして欺く
- スーパーカーに変身し、目的地まで高速で移動する
- 周囲にある木や岩に変身して、敵の目を欺く
- AIコンピューターとなってハッキングを行う

能力を描写する関連語と文章表現

- 耳飾りから放たれた光が全身を包み、正義を貫く烈火の戦士へと変貌した
- 変身の言葉を叫ぶと、人型だった体は車の形に変化し、エンジン音が響き渡る
- 道端に植えられた木に擬態し、迫りくる追っ手を撒いて何とかその場をやり過ごした
- 拉致した敵兵になりすまし、厳格なセキュリティで有名な敵のアジトにまんまと侵入した
- 身長がみるみる縮み出し、どこからどう見ても小学生にしか見えない姿に変化した
- 巨大な大砲に体を変化させて城に向かってその砲弾を発射すると、一瞬で敵を殱滅した

発動条件や制限を決めて矛盾がないように

　「変化・変身」の能力。こちらも前頁に続き、メジャーかつ古典的な常套スキルです。映画、漫画、アニメ、小説、ラノベ——あらゆる創作ジャンルのファンタジー系作品には、まず間違いなくこの能力が登場します。

　「○○になれたらいいのに」という変身願望は、誰もが心の片隅に抱いている密かな欲求。創作物語においても高いニーズがあり、うまくまとめ上げることができれば心に残る名作になり得ます。

　ただし、注意すべき点が２つあります。まず、**序盤で必ず能力制限を設けること**。何にでも変化・変身できれば、あらゆる問題を即座に解決できるうえ、バトルでも向かうところ敵なしになってしまうからです。

　もうひとつは、**書き手自身がこの能力の使いどころをうっかり失念しないこと**。たとえば、牢屋に閉じ込められて幽閉状態のピンチの場面で「それってネズミに変身したら鉄柵の間から出られるんじゃね？」とか、敵の軍勢に崖っぷちへ追い込まれた場面で「そこで鳥になって羽ばたけば普通にＯＫでしょ？」など、随所で突っ込まれないよう、慎重に確認しながら書き進める必要があります。じつはこの作業が案外厄介なのです。

ツッコミどころ満載の能力なので制限を設けよう

獣化・神獣化

【類語】
擬獣化　ドラゴン　ペガサス　ワイバーン　狼　熊　精霊　番人　幻獣

【能力を用いた例文】
一兵士かと思っていたら、突然、大トカゲに変化した。戦闘を重ねるうちに今度は巨大ワニに変わり、最後はドラゴンにまで。勝てるわけがない。

主な能力の活用法

- ◆ ドラゴンに変化して炎を吹き、辺りを焼け野原にする
- ◆ 大蛇になって敵にかみつき、毒の力で命を奪う
- ◆ ペガサスとなって地面を歩き、足跡から泉を出現させる
- ◆ 姿を神獣に変えて聖域をつくり敵の侵入を防ぐ
- ◆ 狼となり、嗅覚で敵を追う
- ◆ 凶暴なイノシシになって敵のアジトに突っ込む
- ◆ 龍の背中に味方を乗せて飛ぶ
- ◆ ワニになり、敵が来るのを水中でじっと構える
- ◆ 味方の病を治すためにユニコーンに変身する

能力を描写する関連語と文章表現

- ◆ 戦場に突如稲妻が走ると、目の前に空を覆うほどの大蛇が出現し、シュルシュルと音を立てて空を旋回しはじめた
- ◆ ケルベロスの体に生える毒ヘビにかまれると一瞬で命を落とす
- ◆ 敵が怪しい唸り声を上げながら巨大なドラゴンに変身し、炎を吹いて我々を威嚇する
- ◆ 熊に姿を変えた敵は辺りの人や建物を爪で引き裂いた
- ◆ 犬の姿になると、優れた嗅覚を使って敵の痕跡を辿っていく
- ◆ 海面に真っ黒な潮の渦ができるとクラーケンが姿を現し、戦艦をいとも簡単に破壊する
- ◆ 翼に変化した両腕で、羽を散らしながら空へ飛び立った

オリジナルアレンジで目新しい作品に

　変化・変身後の姿が、動物か伝説上の生き物に特化している「獣化・神獣化」。ファンタジーでは善悪を問わずお約束のキャラであり、見せ場をつくる役どころとして、特にバトルシーンで大活躍します。

　一般的に正義キャラなら、ペガサス、フェニックス、ユニコーンといった神々しい幻獣に変身するのがセオリーです。動物であれば白い鷲（わし）や金色の狼など神聖な特長を備えたタイプが定番。悪役キャラの場合は、ケルベロス、ヒュドラ、クラーケンと、禍々しい幻獣がよく見られます。毒ヘビや吸血コウモリなど、危険な動物も悪の手先としてしばしば登場します。

　ただし、獣化・神獣化キャラは、古今東西のエンタメ作品（ゲームを含む）で多用されて目新しさがないのが難点。

　よって、オリジナルアレンジを施すべきです。たとえば [大トカゲ→巨大ワニ→ドラゴン] と、段階的変化を遂げるステップアップ方式。**満月の夜に狼男へと変身するように、独自の変化トリガーを編み出すのもありです。**あるいは既出のメジャーな神獣に倣って、人と猛獣の融合による新たな獣化キャラを開発するなど、独創的かつ柔軟な発想でトライしましょう。

獣化して力を振るう悪役キャラ

ケルベロスは
地獄の番犬

ヒュドラは
９つの頭を持つ大蛇

クラーケンは
海に棲む巨大軟体動物

不死

【類語】

不死身　不滅　永遠　ゾンビ　転生　無敵　命　不死鳥　生還　死霊

【能力を用いた例文】

奴らはすでに死んでいる。それが蘇生したわけだから、殺しようがない。ところが、頭を撃ち抜くと動かなくなった。不死身にも弱点があるのか。

主な能力の活用法

◆ どんな傷でも瞬時に消える

◆ 敵を自分に引きつけた状態で爆弾を放ち、一掃する

◆ わざと一度命を落として、姿を変えて転生する

◆ 自分の肉体を盾にして、味方を攻撃から守る

◆ 第六感を持っている

◆ 炎のなかに突っ込んで、取り残された味方を救出する

◆ 数千年生きたことにより、すべての魔術を会得している

◆ 自分の肉体を細胞レベルに分解して、姿をくらませる

◆ 長年の経験と記憶で自然災害の予兆を感じ取れる

能力を描写する関連語と文章表現

◆ 大罪をおかした者は、死ぬことができないという永遠の苦しみを与えられる

◆ 100年の封印が解かれても容姿は変わらず、ただ眠りから目覚めたかのようだった

◆ 山の向こうが白みはじめると、無敵の兵士たちは光に当たることを恐れて一目散に逃げた

◆ 無念の死を遂げたために、死霊として永遠に漂うことになった

◆ 敵の砲弾が体に命中したが、傷は瞬時に跡形もなく消えた

◆ 戦闘の最中に自ら命を絶つと、転生してまったく違う姿で登場し、敵を大混乱に陥らせた

◆ 腹部に剣が突き刺さったまま、こちらに襲いかかってくる

完全な不死×、不死っぽい感じ◎

　数ある能力のなかで、もっとも強いのは「不死」に違いありません。

　どれだけ痛めつけても傷は瞬時に消え、何度殺してもけっして死なないわけですから。これでは物語が成立しないものの、不死という絶対的超常能力は、創作素材としては魅力的であり捨てがたいネタ──。

　そこで、〝基本は不死なんだけど弱点はある〟とすれば、**曖昧ながらも不死と死を両立させることが可能**です。

　有名な例ではゾンビが挙げられます。死んだ人間が生き返る、という不死能力が蔓延する設定で、ゾンビはどんどん増殖。手足や胴体を撃っても死なず勢力を増す一方ですが、脳を破壊すれば絶命するというシンプルな弱点を与えることで、生存者vsゾンビのバトルが成り立ちます。

　大事なのは「不死っぽい」感じなのです。完璧なる不死だと前述の通り物語が成立しないため、不死に近いというニュアンスで創作すれば丸く収まるでしょう。あるいは本書で何度か触れている能力制限もありです。10回死んだら復活しない、火か水に触れると絶滅する、といった単純だけど盲点的な条件を設定すれば「不死っぽい」感じを演出できます。

ゾンビが人気なのは
「不死」プラスαのスペックがあるから

① かまれると増える
② 多数で襲ってくる
③ リアルなディストピア
④ 本当の敵は人間
⑤ 弱点は脳だけ

物語創作は
〝なれない自分になれる〟

　書き手自身による、ある種の「たられば」的な発想が、物語における能力描写の一助となります。常々私はそう感じます。

　たとえば、PART.2で触れた「パワー強化」や「スピード強化」。これらが叶えば無敵です。そうなりたいと私は子どもの頃、幾度夢想したかわかりません。けっして実現しない野心や野望を胸に秘めていたものです。そして当時憧れていた能力を、のちに物語の主人公たちに授け、作中で暴れさせました。

　「飛行・空中浮遊」に関しても、誰もが必ず一度は空想を膨らませ、恋い焦がれた能力ではないでしょうか。そして、もしこの能力があったなら——と、「たられば」世界に浸ったはずです。

　あるいは「回復」や「不死」の能力を獲得できたなら、もうこの世で怖いものなどありません。もしも自分がこの能力を身につけたなら——と、またもや「たられば」世界にどっぷり入り込みます。

　お恥ずかしい話、こうした夢想と空想を重ねるうち、実現するわけがないストレスを執筆にぶつけ、物語を書き綴っている自分に気づくことがあります。

　なれない自分になれる——。物語創作とは、クリエイターが心に抱えたストレスを形にしたものなのかもしれません。

　そんなふうに思えば、わだかまった心が軽くなると同時に、さらなる創作意欲が湧いてきませんか?

突飛さゆえに描写に注意
「サイコキネシス」な能力

PART.3

無限にアレンジ可能
超有能なサイコキネシス

　オリジナリティ溢れる作品にするために、読者があっと驚くようなスキルを登場人物に付与したいと考えている人もいるかと思います。そこでぜひ使ってみたいのが、「サイコキネシス」な能力です。

　サイコキネシスとは自然の摂理の範疇を超えた、いわゆる「神がかった」能力のことで、異世界ファンタジー作品などでしばしば登場します。たとえば、**この世のものではない霊と会話できる能力や、時間の進むスピードを変える能力など**です。

　この能力を取り入れるメリットは、作者の想像力を自由に発揮できる点にあります。なぜなら、自然の摂理の

いっさいを気にする必要がないため、思い切った描写が可能になるからです。

とはいえ、前章までと同様に、キャラクターが持つ能力には必然性がなければいけません。その能力にはどのような背景があるのか、なぜその場面で能力を発揮する必要があるのかなど、読者がストーリーに疑問を持たないよう、物語世界を緻密に構築することが大切です。

また、サイコキネシスな能力は、**描いたキャラクターに普通の人間では到底太刀打ちできない巨大な力を与えることができます。**悪くいえば「何でもあり」の能力ゆえに、発動するための条件や弱点などを同時に設定して、物語が破綻しないように気をつけましょう。

超人的スキル

【類語】

超越　卓越　限界突破　逸脱　天才　最強　ヒーロー　カリスマ

【能力を用いた例文】

次から次へと特殊な力を持つ奴らが襲ってくるぞ。俺が目論む世界征服の野望を妨害するために。もしかして、こいつらが巷で噂の超人たちなのか？

主な能力の活用法

- ◆ 透視して建物構造や内部の状況を把握する
- ◆ 未来を予知する
- ◆ 他者からその人特有の能力を奪い取り、自分のものにする
- ◆ ダッシュで壁面を登る
- ◆ 超越した動体視力を駆使して、敵の動きを捉える

- ◆ ひとっ飛びで目的地に到着する
- ◆ 水のなかで呼吸できる
- ◆ パンチひとつで頑丈な建物やバリケードを砕く
- ◆ 不安定な足場を、優れたバランス力で軽く乗り越える
- ◆ 卓越した判断力でいかなる危機をも脱する

能力を描写する関連語と文章表現

- ◆ 立ちはだかる防壁に打撃を打ち込むと、凄まじい衝撃波とともにがれきが飛び散った
- ◆ 勢いよく跳ね上がった体は高く昇り続け、海をも超えて向こう岸へと辿り着いた
- ◆ 橋が崩れ落ちるなか、かろうじて残った1本の紐に着地し、身軽に渡っていく

- ◆ 目にも留まらぬ速さで駆け出すと、そのままの勢いでそびえ立つ崖さえも登り切った
- ◆ 敵のパンチを捉え、最小限の動きで躱（かわ）すと、空いたボディに強烈な蹴りを入れた
- ◆ 勢いよく海に飛び込むと、クジラ並みの潜水で海底に隠された秘宝を探して回った

能力設定で重要な5つのポイントとは

　透視、未来予知、空中浮遊、能力奪取、水中呼吸、瞬間移動、ワンパン、鋼メンタル――常人にない、一芸に秀でた「超人的スキル」は、今やヒーローファンタジーの定番。あの手この手で趣向を凝らした超人的スキルが次々と現れ、その使い手が映画や漫画やアニメで活躍しています。

　ユニークな能力を閃くのは案外簡単です。先に挙げたように、**普通の人間に不可能なことを可能にすれば、それが超人的スキルとなるわけですか**ら。問題はその先です。

　以下に押さえるべきポイントを列挙してみました。

- ☑ どのようにして超人的スキルを獲得したのか？
- ☑ 拮抗する敵のスキルと強さのバランスはとれているか？
- ☑ 物語のテーマやメッセージとリンクするスキルか？
- ☑ ピンチを演出できるスキルの制限を設定したか？
- ☑ キャラとスキルが違和感なくフィットしているか？

　これら5項目は最低限クリアすべきもの。**スキルの面白さを描くだけでなく、読者が納得できる物語の詳細設定と展開の緩急を意識**しましょう。

超人的スキルの作品がシリーズ化すると

際限なくメンバーが増えて収拾がつかなくなる

超言語スキル

【類語】

会話　解読　翻訳　通訳　言葉　話術　コミュニケーション　レポート

【能力を用いた例文】

少女は中空に両手をかざした。と、まぶたを閉じて会話をはじめる。彼女は風と話していた。周囲は驚きながらも、その不思議な様子を見守った。

主な能力の活用法

◆ 動物と会話する

◆ 植物と会話する

◆ いかなる外国語も翻訳する

◆ 旧言語を解読する

◆ 同時通訳の能力で、外国語話者と自国の言語のまま会話する

◆ 他者の意識に介入して、心のなかで会話する

◆ 自動書記の能力で自分の作業負担を軽くする

◆ 動物を呼び寄せて、攻撃や防御の際にその力を借りる

◆ 言葉を具現化させて洪水や爆発を起こす

◆ 巧みな話術で、どんな人物からも情報を引き出す

能力を描写する関連語と文章表現

◆ 近くの木に話しかけると、穏やかな口調で敵の逃げた方向を教えてくれた

◆ 難解な文字の羅列をスラスラと読み解き、ほんの数分ですべての文書を解読してみせた

◆ 助けを求める声を聞いた動物たちが敵を取り囲み、今にも襲いかかろうとしている

◆ 口に出した言葉が形となって出現し、〝Bomb〟という形状の爆弾が点火され爆発した

◆ 思い浮かべた言葉がそのままペンへと伝わり、手を動かさずとも自動で書き起こされていく

◆ ほかの国の言語で話しかけられているのに、自国の言語に翻訳された状態で耳に届いた

人間以外の会話シーンで個性的な物語に！

　いわゆる万能コミュ力に着目した「超言語スキル」は、多彩な世界観の物語でそのユニークな能力を発揮できます。**活用領域が多岐にわたるうえ、〝会話＆意思疎通〟という物語にとって重要な役割をダイレクトに担う、書き手心をくすぐる豊潤なスキル**ともいえます。

　たとえばファンタジーであれば、動植物をはじめ、そよぐ風、降りしきる雨、舞い落ちる雪とも会話でき、森羅万象のあらゆる動向を読み解く力を持つ、という設定も面白いでしょう。現代社会が舞台であれば、他言語はもちろん、唇や指の動き、空気の振幅からも人心を読み解くことができ、その超常的コミュニケーション能力で犯罪を未然に防ぐ、というサイコキネシス寄りの切り口だってありかもしれません。

　本来は会話が成立し得ない対象との会話が可能となれば、**文章による表現の幅が広がり、意外な視点での描写を盛り込めるというメリット**も。前述のような動植物や風、雨、雪などとの会話シーンを登場させることで、ファンタジーならではの世界観で物語性を艶やかに膨らませられるでしょう。ぜひ、この超言語スキルをアレンジして取り入れてみてください。

アレンジ次第で物語は大きく膨らむ

霊的スキル

【類語】

霊能力　霊媒　霊視　呪術　妖術　精霊　妖精　心霊　魂　ゴースト

【能力を用いた例文】

この屋敷は妙だ。誰もいないのにものが落ちたり、泣き声が聞こえたり。「パパ、あそこに誰かいるよ」突然、娘がいう。この子には見えるのか？

主な能力の活用法

- ◆ 死者の言葉を聞いて、当時何が起こったのかを知る
- ◆ 意図する相手に呪いをかける
- ◆ 精霊を召喚し、その固有能力を借りて攻撃を仕掛ける
- ◆ 悪霊や邪気を祓う
- ◆ まやかしを見せてそれが現実だと思い込ませる

- ◆ 妖精の力で傷を癒し、回復する
- ◆ 幽体離脱して敵地を視察する
- ◆ 生霊となって相手に精神的なダメージを与える
- ◆ 死者を蘇らせ、その体を自由自在に操って戦力にする
- ◆ 敵を檻のなかに閉じ込め、お札を使って封印する

能力を描写する関連語と文章表現

- ◆ 背後に浮かぶ霊へと術をかけると、空気に溶け込むように姿が消えてなくなった
- ◆ 本体からふわりと抜け出し、透ける体で壁を通り抜け、情報の集まるアジト内部へと侵入する
- ◆ 偉大なる癒しの精霊を召喚し、深手を負った仲間を回復させてなんとか危機をしのいだ

- ◆ 儀式が成功したのか、地面に描かれた紋章の上には、禍々しい妖気を放つ霊体が鎮座している
- ◆ 扉を閉めた瞬間、すぐさまお札を張りつけ、追っ手が部屋に入ってこられないようにした
- ◆ 手を触れると、その花はみるみる瘴気に包まれ、灰色にしぼみ、塵となって跡形もなく散った

〝こわい〟は古い！多様な分野で活用可能

　霊的存在を物語の題材とする場合、幽霊やおばけ自体を登場させるほか、異次元に棲むそれらと交信できるミステリアスなキャラを起用するやり方もあります。怨霊に憑依される女の子であったり、悪魔祓いを行う神父であったり、役どころはさまざまですが、霊とコンタクトする「霊的スキル」を持つ人間を基軸として物語を進めるのです。

　この霊的スキル——いわゆる霊能力は、霊視、霊聴、霊媒など、じつに多様です。また、守護霊、悪霊、背後霊と、霊の種類もいろいろあります。**リアリティを持たせるためにも、事前に十分な取材と研究をすべきでしょう。**というのも、霊をテーマとした物語は、あまたのヒット作や古典的名作が世に出ており、しかもコアなファンが多いジャンルであるため、綿密な構成と創意工夫が求められるからです。

　一方で、**かつて霊は死や悪の象徴として、人々を恐怖のどん底に陥れるのが定石でしたが、昨今では霊を絡めたヒューマンドラマやラブロマンス系の作品も登場**しています。視点を変えた霊的スキルを題材に、創作アプローチを図るのも一手かもしれません。

新しいアプローチを模索してみよう

未来から来た幽霊!?
ざ、斬新な設定…

◎ 創造

【類語】

創出　生成　作成　実現　具現　形成　製作　クリエイト　工作　建設

【能力を用いた例文】

敵の魔術使いが杖を振ると奇怪な怪物が現れた。でも大丈夫。味方の魔法使いが呪文を唱えると巨象が現れる。これで対抗すれば必ず勝てる。

主な能力の活用法

- ◆ 想像通りの武器をつくり出す
- ◆ 魔物をつくり出して敵を襲う
- ◆ 任意の場所に城や塔、防壁を創造し、戦いの拠点にする
- ◆ 手に入れた素材をもとに、一瞬でドレスや戦闘服を仕立てる
- ◆ 本物のカギや書類をコピーして偽物を創出し、偽装工作する

- ◆ 紙に描いた生き物に命を吹き込み、具現化させて使役する
- ◆ 念じたときにいつでも炎や水を手から出すことができる
- ◆ もとからある武器を思いのまま形に変形させて使いやすくする
- ◆ どこにでも壁をつくってあらゆる攻撃を防ぐ

能力を描写する関連語と文章表現

- ◆ 頭のなかで思い浮かべると、呼応するように手から広がった光が剣の形になり、本物となった
- ◆ 猫のイラストが紙から浮かび上がり、画風はそのまま、立体となって動き出した
- ◆ 攻撃のタイミングに合わせて壁をつくり出し、迫りくる猛攻を次々と防いでいく

- ◆ 簡素なドレスに手を触れると花々の模様が広がり、煌びやかな仕上がりとなった
- ◆ 地に手を着いて念じると、轟々と音を立て、敵を偵察するのに最適な物見やぐらが出現した
- ◆ 宝箱にかかった錠からそれに合うカギを創造し、見事なかに入っているお宝を手に入れた

現実的な裏づけで物語にリアリティを

　無から有を生み出す「創造」の能力があれば無敵です。現実世界ではありえない卓越した力ですが、ファンタジーの世界なら実現できます。

　ポイントは、誰が何を創造するか、という条件の枠組みをきちんと設定すること。これには物語の世界観も大いに関係します。たとえば、国同士や異種族同士のバトルがテーマの物語であれば、武器や馬、怪物などを創造する敵役の魔術使いが現れて、正義の側を苦しめるべくその強大な能力を振るいます。ほかにも、異世界転生した男子中学生が悪魔の支配する幻想ワールドでヒーローとして戦うストーリーなら、主人公の特殊スキルの創造を手助けする師匠が登場し、冒険物語が幕を開けます。

　これらの例にはある共通点があります。

　そう、**大切なのは舞台となる世界観での〝必然性のある創造〟**です。ファンタジーという虚構の世界であっても、読者が違和感や疑問を覚えない現実的な裏づけなくして物語は成立しません。さらには、無敵の力だけに同等の能力を善悪双方に付与し、ライバル同士で競い合わせてこそ高い演出効果を発揮します。この設定ルールと構図をよく理解しましょう。

魔法が使えるからといって〝何でもあり〟は NG

破壊

【類語】

壊滅　損壊　崩壊　粉砕　分解　消滅　大破　破滅　解体　デストロイ

【能力を用いた例文】

突如、空を覆う巨大なUFOが現れ、オレンジ色の光線を放った。瞬く間に街が焼け野原になる。逃げ惑う人々。泣き叫ぶ子供。許しがたい破壊力だ。

主な能力の活用法

- ◆ 敵の武器や道具を粉々にして使えないようにする
- ◆ カギのかかった部屋でも扉を粉砕してなかに入る
- ◆ 触れた人をバラバラに破壊する
- ◆ 概念そのものを破壊して、すべてを自由自在に操る
- ◆ 爆発物を塵に変えて危機を防ぐ
- ◆ 檻を破壊して脱出する
- ◆ 手から光線を出して、当たったものを消滅させる
- ◆ 衝撃波を放って目の前のものを吹き飛ばし、破壊する
- ◆ 特定の部分だけを器用に破壊して削り、ものづくりをする
- ◆ 機密文書を粉々にして隠蔽する

能力を描写する関連語と文章表現

- ◆ 岩造りの壁に手を触れると、接触部分から亀裂が走り、ガラガラと崩れ落ちた
- ◆ ひとりの人物を中心に、円を描くように辺り一帯のすべてのものが塵となって消え去った
- ◆ 軽く触れられただけで腕の骨は砕け、想像を絶するほどの痛みに気を失ってしまった
- ◆ 強硬な錠前が砕け、たやすく檻から抜け出すことができた
- ◆ 手にした書物は、砂の如くサラサラと消えてなくなった
- ◆ 放たれた波動にぶつかった木々が、衝撃に耐えられず折れ曲がり、吹き飛んでいく
- ◆ 砕け落ちた堤防から、轟々と濁流が溢れ出した

どうやって阻止するかがカギ

　あらゆるものを粉砕して壊滅させる「破壊」は、通常、よい意味で用いられる語彙ではありません。わかりやすい例を挙げてみます。

　破壊願望、破壊的思考、破壊分子、破壊衝動——いかがでしょう？

　少なくともポジティブで前向きなニュアンスは感じられませんね。

　破壊を得意とする能力は、基本的に正義の味方ではなく、悪の化身である敵側が有します。そうして街であったり、城であったり、船や飛行機であったりと、人々が苦心してつくり上げた、大切で尊いものを瞬く間に打ち壊してしまうのです。非常に憎らしい能力といえます。

　実際に破壊する能力を駆使する際には、多様な手法が考えられます。

　光線を放つ、火を吹く、衝撃波を出す、というように遠隔で破壊する技のほか、巨大化して踏みつぶす、爆発物を投下する、銃撃する、武器を振り回す、刀剣で切り刻む、硬化した体躯でぶち当たるなど、じつにさまざま。サイコキネシスで一瞬にして灰にする、という離れ技だって可能です。

　問題は、「敵側の強烈な破壊能力に対し、正義の味方がどうやって阻止するか？」という点に尽きます。これが書き手にとって難関です。

創造の神がいるように、神話では破壊の神が存在する

インド神話では
シヴァ

ギリシャ神話では
アレース

調和

【類語】

同化　共有　協調　一致　融合　結末　平和　ハーモニー　バランス

【能力を用いた例文】

彼女が微笑むだけで、殺気立っていた戦士たちの面差しが穏やかになった。そればかりか協力して作戦を考えはじめるとは。調和の能力は素晴らしい。

主な能力の活用法

- 仲間と感覚を共有し、情報や状況をリアルタイムで伝える
- 受けた毒を体内で中和し、自分の能力として使う
- 壁と同化して偵察を行う
- 仲間とのシンクロした動きで敵を挟み撃ちにする
- 調和の能力で状態異常を治す
- 物体と融合してそれに由来する能力が使えるようになる
- 邪気を調和させて敵の善意を引き出し、戦意を弱める
- 敵と物体をリンクさせ、物体が受けたダメージを負わせる
- 敵対していた人たちの怒りを鎮め、和解させる

能力を描写する関連語と文章表現

- 毒で痺れていた腕は徐々にもとの感覚を取り戻し、体に毒が馴染んでいくのがわかる
- 壁に向かって一歩踏み出すと、溶けるように体が染み込み、完全に一体となった
- 炎を取り込んだ体は燃えたぎる熱さに包まれ、その容姿を赤い魔物へと変化させた
- 本部の仲間と視覚を共有し、指示を受けながら慎重に敵地内部へと歩みを進めていく
- 感覚をリンクさせた紙を破くと、裂けるような痛みに悶え、敵は地面に崩れ落ちた
- ふたりの呼吸を合わせ、寸分違わぬ動きで両サイドから敵めがけて飛びかかった

他者との共存が大切な防衛特化型能力

　「調和」の能力は、単体で効力を発揮するものではありません。**自分以外の他者や、何かしらの存在があってこそ使えるスキル**です。

　本来が〝バランスよく整って組み合わさる〟という意味を持つ言葉ですから、**この能力は攻撃に特化するよりも、共存による防衛に重きを置いたほうがよいでしょう。**

　ここで、あらためて [主な能力の活用法] をご覧ください。「壁と同化して偵察を行う」、「物体と融合してそれに由来する能力を使えるようになる」、「邪気を調和させて敵の善意を引き出し、戦意を弱める」など、奥ゆかしさすら覚える控えめな用途が目立ちます。

　この能力は、主役級キャラがクライマックスで放つ一発逆転の大技ではありません。むしろ、ストーリー中盤で使うのに似つかわしい能力です。

　また、無視できない特徴がひとつ。それは冒頭で触れたように、他者の存在があってこそ使えるスキルだということです。**「つながり」「連携」「共有」を体現する、時代を超えてもなおヒューマンドラマに不可欠な不変の能力**といえます。ぜひ、あなたなりの調和の能力を編み出しましょう。

調和の力は物語の幅を格段に広げる

空間操作

【類語】

瞬間移動　転移　テレポート　ワープ　ブランク　割れ目　抜け道

【能力を用いた例文】

「よし、ワープだ」艦長がいった次の瞬間、時空を飛んで惑星に到着した。なんという便利な能力だろう。これさえあれば宇宙のどこへだって行ける。

主な能力の活用法

- ◆ 今いる空間から別の空間へと瞬間移動する
- ◆ 物体や人を別の場所に送る
- ◆ 異次元に敵を閉じ込める
- ◆ 瞬時に場所を移動して敵からの物理攻撃を避ける
- ◆ 敵地にテレポートして、見張りに気づかれずに情報を盗む
- ◆ 目の前に空間の切れ目をつくり、敵の攻撃を別次元に飛ばす
- ◆ 別の空間にものを収納し、好きなときに取り出す
- ◆ 巨大物を敵の頭上に転送して下敷きにする
- ◆ 仲間を転送して救出する
- ◆ 敵のいる空間ごとひねりつぶす

能力を描写する関連語と文章表現

- ◆ 消えては現れる姿に翻弄され、攻撃する隙がない
- ◆ 空間の切れ目からは別次元の世界が顔をのぞかせ、その暗闇のなかへと引きずり込まれていく
- ◆ 爆発の寸前、仲間全員を別の場所へと転移させて難を逃れた
- ◆ 何日もかかる険しい道のりを、たったの1秒で移動した
- ◆ 何もない空間から突如として海水が流れ出し、あっという間に敵地を飲み込んだ
- ◆ 瞬間移動して背後に回り込むと、敵の反応が遅れているうちにすぐさま攻撃を仕掛けた
- ◆ 術を唱えると目の前の景色がねじ曲がり、敵の姿が別次元へと吸い込まれていく

あらゆる補足説明が省ける便利さが特長

　別空間・異次元への瞬間移動をメインの能力とする「空間操作」。移動するのは人のみならず、宇宙人、ロボット、飛行機、大型宇宙船と、多彩なバリエーションが見られます。SFやファンタジー系の物語ではもはやお馴染みの能力として高い知名度を獲得しており、**説明抜きに登場させても、読者が違和感を覚えない使い勝手のよさが特徴**です。

　さらにこの能力には優れた点があります。

　それは、**物語の場面の切り替えが早くて楽だということ。**

　「え、そんなことが？」と思われるかもしれませんが、書き手にとってこれは大きなポイントです。たいてい場所を移動する際は、主人公が車に乗ったり交通機関を利用したりするシーンを描くか、移動中であるという補足説明と時間の経過を表す状況描写が必要になります。

　ところが瞬間移動なら、パッと改行するか1行開けるだけで、遠く離れた国や惑星にひとっ飛び。余計な文章は不要です。

　つまり**空間操作の能力は、書き手の執筆工数を削減する「展開操作」の能力でもある**わけです。とはいえ多用は禁物なのでご留意ください。

空間操作なら経過説明は不要になる

A地点 ⟶ B地点

一気に瞬間移動

これらの説明は必要ない

脳内操作

【類語】

記憶操作　洗脳　催眠　誘導　テレパシー　思考　理性　心理　神経　経験

【能力を用いた例文】

気づけば血まみれだった。足もとには知らない男の遺体。どういうことだ？
俺が殺した？　まるで記憶にないが、手には血のついたナイフがある。

主な能力の活用法

- 洗脳して敵を味方にする
- 脳内物質の分泌量を調節して身体能力を一時的に強化する
- 相手の記憶から情報を奪う
- 一度見たものを完璧に記憶する
- 相手の思考のなかに入り込む
- 相手を記憶喪失にさせて、戦う意思や目的を失わせる
- 脳を操作して自白させる
- テレパシーで仲間に話しかける
- 記憶を改変・消去する
- 物体の残留思念を読み取る
- 特定の人物に関する記憶を抹消し、その人物を忘れさせる
- 記憶を一時的に忘却させ、設定した日時に思い出させる

能力を描写する関連語と文章表現

- 気づくと知らない場所にいて、これから何をしようとしていたのかさえまったく思い出せない
- 突然、遠く離れた司令本部にいるはずの仲間の怒号が、鮮明に頭のなかに響いた
- 一度見ただけの古文書のページを、転写するかのようにスラスラと書き起こしてみせた
- あれほど憎しみを向けていた敵は、今や我々を崇拝し、意のままに動く駒のひとりとなった
- 横たわる仲間の額に手を添え、虐げられた辛く悲しい記憶をひとつひとつ消し去っていく
- 古びたカギに手を触れると、それを使って老人が部屋を出入りする映像が頭に流れた

今人気のメンタル支配系能力のひとつ

　洗脳、記憶改変、強制自白、思考乗っ取り、感情感知——物語の書き手であれば、どれもがじつに魅惑的なワードに感じられるはずです。

　これらは「脳内操作」の能力によって実現可能となり、とりわけミステリーやサスペンス系の物語で重宝され、小説はもとよりドラマや映画、漫画などの名作・ヒット作にしばしば登場します。

　脳内操作の能力描写は、使い手によってきっぱり２つに分けられます。

　ひとつは〝追われる側〟すなわち犯人が持つ力として使われ、とんでもない事件を引き起こすパターン。もうひとつは〝追う側〟すなわち刑事や脳科学捜査官がこの力を駆使し、犯人像に迫っていくパターンです。

　また、脳内操作のようなメンタル支配系能力を題材にした作品は今が旬。コアなファンが多く、上質なミステリーに仕上げれば大ヒットを飛ばす可能性を秘めています。小説投稿サイトや出版社が主催する新人賞でもウケがよく、ともすればプロデビューに一歩近づける好素材といえるでしょう。

　それゆえ競合が多い分野ではあるものの、独創的で斬新なアイデアとキャラを閃けば、作品がシリーズ化して一躍脚光を浴びるかもしれません。

ミステリー・サスペンス分野の人気順位

「刑事・探偵」
モノ

「シリアルキラー」
モノ

「脳内操作」
モノ

※著者基準

心理操作

【類語】
精神操作　印象操作　マインドコントロール　心理掌握　読心　メンタル

【能力を用いた例文】
王に睨まれただけで心を鷲掴みにされたように逆らえなくなる。民のほとんどは従順な犬のようになってしまった。このままでは国が乗っ取られる。

主な能力の活用法

- ◆ 悪意を好意に変化させて、敵を味方にすることで戦力を増やす
- ◆ 他者の心を読む
- ◆ 敵の精神を崩壊し、発狂させる
- ◆ 人の嘘を見抜く
- ◆ 敵の戦意を喪失させる
- ◆ 不安を増大させて、仲間のことを信用できなくする

- ◆ 仲間のやる気をアップさせる
- ◆ 精神を研ぎ澄ませて集中力をアップさせる
- ◆ 感情の起伏を激しくさせ、敵を暴走状態にする
- ◆ トラウマを誘発させて、精神的に苦しい状態に追い込む
- ◆ ストレスをかけて敵を焦らせる

能力を描写する関連語と文章表現

- ◆ 思い出したくない過去の記憶が蘇（よみがえ）り、じりじりとした圧迫感が押し寄せて息が詰まる
- ◆ ふと目が合った瞬間、無表情で読めない相手の心の声が頭のなかに流れ込んできた
- ◆ 術者から発せられた霧に覆われると、心なしか気分が沈んで自らの命を絶ちたくなる

- ◆ 咄嗟（とっさ）についた小さな嘘さえ、あの目に見つめられるとすべてを見透かされている気分になる
- ◆ 横にいた仲間が突然頭を抱えたかと思うと、取り乱したように叫び、暴れ出した
- ◆ 暗示にかかった体は倒れたまま、いつまでも見ていたい幸せな夢に浸って、目覚める兆しがない

〝裏切り〟展開をつくり味方も読者もだます

「心理操作」もまた、前頁で解説した脳内操作と同じメンタル支配系能力です。その違いは、文字通り〝心〟に特化する点でしょう。

[類語] をご覧ください。精神操作、印象操作、マインドコントロール、心理掌握などと、こちらは**やや霊的・オカルト寄りの能力**ともいえます。それゆえに、妖術や魔術と絡めたスキルとして設定すれば、幅広いファンタジー分野の世界観に適応可能です。もちろん、現代社会を舞台としたミステリー、サスペンス、ホラーなど、ほかの多彩なジャンルでも扱えます。

この能力を描くうえでのポイントは、とにかく持ち主となるキャラクターのつくり込みでしょう。

ひとつの方向性は、カリスマ性のある絶対君主です。闇の力として国を支配し、悪の軍団を率いて猛威を振るう、暴君のボスキャラが似合います。

もうひとつの方向性は、意外な人物がこの能力を駆使して人々を災禍に陥れていたという、どんでん返し系ミステリーの真犯人役です。

一方、目に見えない心理状態の微細な変化や変容を文章で表現するのが、この能力の醍醐味であり悩ませどころ。巧みな筆致が要求されます。

「仲間の裏切り」という場面をつくり出すことも可能

お前は仲間を裏切って
私の部下になるのだ

人体操作

【類語】
乗っ取り　入れ替わり　憑依　なりすまし　再現　服従　ダミー　奪取

【能力を用いた例文】
どうしたことだ？　体が勝手に動く。味方の兵士を斬ってしまった。と思ったら仲間に背中を斬られた。誰かが、俺たちを操っている。

主な能力の活用法

◆ 体を操って仲間討ちさせる

◆ 選んだ相手と入れ替わる

◆ 状況に応じて別人格を引き出し、戦闘スタイルを変える

◆ 一時的に敵の体を乗っ取り、なりすまして情報を探る

◆ 乗っ取った人の能力を好きに使って攻撃する

◆ 体を動けなくさせて、その隙に攻撃を仕掛ける

◆ 頭のなかでイメージした動きを自身の体で完全再現する

◆ 乗っ取った相手の記憶を消し去り、自由に上書きする

◆ 敵の動きを操って、自分に攻撃が当たらないようにする

能力を描写する関連語と文章表現

◆ 体がいうことを聞かず、意思と反対に剣を振り上げて仲間に襲いかかろうと動き出す

◆ 目覚めた彼は、いつもとまるで違う荒々しい態度でしゃべりはじめ、周囲を戸惑わせた

◆ 入れ替わりが成功したのも束の間、すぐに話しかけてきた相手にばれないよう取り繕った

◆ 乗っ取った体は若々しく、エネルギーで満ち溢れている

◆ 敵の能力なのか、攻撃しようと迫るも自ら避けてしまい、当てることができない

◆ 他者に乗り移ると、もとの体は気を失ったように倒れ込んだ

◆ 乗っ取った体でセキュリティ内に無事侵入し、データを奪った

悪役に似合うずる賢いイメージの能力

　意のままに他者の心と体を操って目的を成し遂げる「人体操作」は、魔術・妖術系の悪役キャラが駆使する代表的な能力のひとつ。

　この能力を遺憾なく発揮できれば、はっきりいって怖いものなしです。能力の持ち主は自らの手を汚すことなく、周りの人を動かすだけで何だってできちゃうわけですから。とはいえ、**正義の味方のヒーローにだけは、この能力を与えないほうが得策です**。

　なぜかというと、人体操作の能力はとにかく卑怯だからです。

　考えてみてください。汚れ仕事は人に押しつけて、自分は安全圏で高みの見物を決め込み、おいしいところだけかっさらっていく能力など、悪の所業にほかなりません。当然、**読者の共感や応援など得られるはずもなく、「ずる賢い奴だなあ」と軽蔑の対象に成り下がってしまいます**。

　冒頭で書いた通り、迷うことなくこの能力は悪役に押しつけてください。そして正義の味方にこてんぱんにやっつけられ、読者から「ほれ見たことか」と嘲笑われる惨めな末路を用意し、因果応報を体現させるのです。

　そういうさだめを背負った哀しき能力だと理解しましょう。

日本昔話は因果応報のパターンが王道

さるかに合戦　　　　　　花咲かじいさん　　　　　　　かちかち山

物体操作

【類語】
念力　サイコキネシス　テレキネシス　超能力　魔力　超自然　エスパー

【能力を用いた例文】
少女が叫ぶと同時に車が爆発した。周囲が猛火に囲われる。彼女の怒りの顕れなのだと、私は直感した。いったい過去に何があったのだろうか。

主な能力の活用法

- ◆ 浮かせた物体を投げつける
- ◆ 物体を引き寄せて盾にする
- ◆ 触れた物体を一瞬で別の場所へと移動させる
- ◆ 自由自在に物体の形状や硬度を変化させる
- ◆ 物体を積み重ねてバリケードをつくり、防御する
- ◆ 物体を遠隔で破壊する
- ◆ 物体や建物をすり抜ける
- ◆ 大きな岩を動かして道を遮り、敵の進行を食い止める
- ◆ 物体の在り処を探知する
- ◆ 人が乗った車や船を動かし、危険から救出する
- ◆ 念じた物体を発火・爆発させる

能力を描写する関連語と文章表現

- ◆ かざした手を上に上げると、重々しい岩石が空中に浮かび上がり、敵の頭上へと飛んでいった
- ◆ 硬質で頑丈な剣がありえないほどねじ曲がり、まったく使いものにならなくなった
- ◆ 力を入れて手を握り込むと、前方に立ちはだかる荘厳な城壁が粉々に崩れ去った
- ◆ 周りのものを片っ端から引き寄せ、いかなる攻撃をも防ぐ屈強なバリケードを組み立てる
- ◆ 炎を思い浮かべながら念じると、1枚の紙から火が上がり、瞬く間に辺りに燃え広がった
- ◆ 手にしていたはずのカギは消滅し、悪魔のように微笑む術者の手のひらの上に出現した

綿密な背景描写が作品に説得力を生む

　浮かせた物体を投げつける、物体を遠隔で破壊する、念じた物体を発火・爆発させる——左頁の［主な能力の活用法］をざっと見渡すと、何かひしひしと感じるものがありませんか？

　「物体操作」の能力は、念力の一部に含まれるためか、強くて激しい念の集積を彷彿させます。たとえば、怒り、憤り、恨みといった感情の昂りがピークに達した結果、それが一種異様なパワーとなって空気を伝導し、ものを燃やしたり爆発させたりするのです。

　実際、物体操作の能力を駆使して暴れ回るキャラクターは、心に憤激や憎悪を抱えているケースが多く、誰かへの復讐という名目があります。

　重要なのは「なぜそんなに怒っているのか？」という理由の追究。これを明らかにしなければ、異様な情念を発散させ、破壊衝動へと駆り立てる必然性が生まれません。

　綿密な背景描写で原因を深掘りし、怨念、執念、悪念を抱くに至るプロセスを明確にしてあげてください。読者の同情や感情移入なくして、この能力の持ち主が心の奥底に抱く哀しみの念は晴れないでしょう。

怒りを描くときは同時に、
その理由も描く必要がある

115

人形操作

【類語】
傀儡（くぐつ）　操り人形　人形劇　ロボット　ゴーレム　マリオネット　パペット

【能力を用いた例文】
禍々しい泥人形の大群が襲ってきた。もうダメだと思ったそのとき、雨が
降りはじめた。なんと雨で泥人形が溶けていく。天に救われたのだ。

主な能力の活用法

- ◆ ロボットを意のままに操縦して、巨大な敵を攻撃する
- ◆ 人造兵器で大規模な攻撃をする
- ◆ 人形を盾に身を守る
- ◆ 敵そっくりの人形を、その仲間に本人だと思い込ませる
- ◆ 人形のなかに籠って身を隠す
- ◆ 敵の姿を人形に変える
- ◆ 壊れたパーツを取り換えて、何度でももとの状態に復元する
- ◆ 敵の手や腕、脚に糸を巻きつけ、操り人形にする
- ◆ 遠隔でロボットを操作して、安全地帯から敵を攻撃する
- ◆ 人形に敵を捕縛させ、動けないところを攻撃する

能力を描写する関連語と文章表現

- ◆ 体中のあらゆるパーツに糸が巻きつき、意思とは関係なく腕や脚が動かされる
- ◆ ビルの高さを優に超える巨大ロボットに乗り込み、操縦席に座って起動ボタンを押した
- ◆ 手が触れると、強靭な肉体は煙とともに消え去り、その場には小さな一体の人形だけが残った
- ◆ 敵の姿を思い浮かべながら念ずると、敵そっくりの人形が描いた術式のなかに出現した
- ◆ 押し寄せるゴーレムの大群に街はあっけなく踏みつぶされ、辺り一帯ががれきの山と化した
- ◆ 指先から伸びる糸を手繰り寄せ、飛んできた人形を身代わりにして間一髪攻撃を躱（かわ）す

弱点が見つかると即敗北がお約束

[類語] にある「傀儡」とは、操り人形を表す言葉。**誰かの手先となって思いのままに操られ利用される人物や組織を指す比喩でもあります。**

この説明からもおわかりの通り、「人形操作」という能力には強大な力を持った操る人と意のままに操られる人や物体が存在します。

ファンタジー系の物語ではこの能力の登場頻度が高く、魔力や妖術を持つ悪者が、罪のない民や人形を手下として自由自在に操ります。また、操られるのが人ではなく、泥人形の場合も。これはゴーレムと呼ばれ、ユダヤ教の伝承に登場するロボットのような架空の存在です。

有象無象のゴーレムを増産し、村や国を襲って支配下に収めるのは、悪の象徴的暴君。そばには意地悪そうな魔女や魔法使いが参謀として控え、ゴーレムを兵士が如く操って残虐な暴力行為を働きます。

と、ここまで読めばデジャブを感じる人もいるはず。112 ページで解説した人体操作の能力と同じく、**人形操作も姑息で卑怯な小技といえます。**

実際、この能力の使い手は物語の中盤以降で必ず馬脚を現し、あっという間に弱点を突かれて敗北します。そういうお約束のもとで使いましょう。

人形操作の定番であるゴーレムのタイプはさまざま

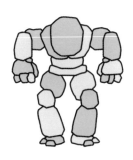
岩石系

土・泥系

クリーチャー系

生物操作

【類語】

ウイルス操作　使役獣　虫使い　猛獣使い　龍使い　言いなり　家畜　役畜

【能力を用いた例文】

不思議だわ。あの子が森を歩くだけで動物や鳥が近寄ってくる。そればかりか小声で命じると、あらゆる生物が大人しく従う。夢を見ているみたい。

主な能力の活用法

- ◆ 虫を敵地へと潜入させ、その虫を通して情報を収集する
- ◆ 大勢いる敵をウイルスに感染させ、戦力を削る
- ◆ しつけた動物に攻撃させる
- ◆ 脳に虫を寄生させて敵を操る
- ◆ 羽虫の大群を呼び寄せて敵の目をくらませる

- ◆ 使役する動物に乗って移動する
- ◆ 犬に敵のにおいを嗅がせて行方を追跡させる
- ◆ 猛毒を持つ蛇にかみつかせて戦闘不能にする
- ◆ 伝書鳩を使って情報を伝達する
- ◆ 雪山で動物を呼び寄せて暖をとる

能力を描写する関連語と文章表現

- ◆ 黒く渦巻く小さな虫の大群が、耳障りな羽音を立てながら我々を飲み込もうと目前へと迫る
- ◆ 敵地に棲み着く猫と感覚を共有し、その目に映る光景から敵の様子を探っていく
- ◆ 指先に止まった鳩に手紙をくくりつけると、一刻も早く伝達すべく空へと飛び立った

- ◆ 飛び回るハチに翻弄され、ついには鋭い針で突き刺された
- ◆ イルカの背にまたがり、陸地を隔てる大海原を渡った
- ◆ ウイルスが体内へと侵入し、見えない敵になす術もなく、ただもがき苦しむのみだった
- ◆ 鷹に首根っこを掴まれ、そのまま巣へと連れ去られていく

能力のイメージを考えてキャラ設定をする

　昆虫、動物、魚、寄生虫、ウイルスなど、ありとあらゆる生き物を思うままに操れる「生物操作」の能力。一風変わったこの異能力を持つ主人公を起用すれば、奇想天外なバトルアクションが紡げます。

　生物操作の能力を生かすも殺すも、大切なのはキャラの設定です。

　まず、これは大人が駆使する力ではないほうがよいです。屈強な男性ヒーローがこの能力を使っていて、ビジュアル的に納得できますか？　ウサギやネズミをいい年の大人が操っていても、奇妙な違和感しか覚えません。

　やはり、**この能力には女性や子どもが**似合います。邪心がなく、純粋無垢ゆえにあらゆる生物と意思疎通や会話ができる設定であれば、説得力があるでしょう。しかも病弱であったり、社会的ハンデを負っていたりすれば、生物たちの力を借りる必然性も生まれます。

　何より主人公に障害を与えて葛藤させると、苦境を脱して羽ばたく瞬間に読者は歓喜し、カタルシスを感じます。さらにベースが弱者であれば、異能力を使っても弱い者いじめの構図に映りません。

　このキャラ設定を順守することで、生物操作の能力が開花するのです。

可愛い動物の中心に屈強なヒーローは似合わない

時間操作

【類語】

時空移動　タイムトラベル　タイムスリップ　タイムリープ　時計

【能力を用いた例文】

気がつけば中2の夏休みで、あの教室にいた。3年前の事件が今まさに起こ
ろうとしている。止めるべき？　でも、過去を変えたら……。

主な能力の活用法

- ◆ 時間を巻き戻して過去の出来事をなかったことにする
- ◆ 過去に戻って、何が起こったのか真実を知る
- ◆ 未来に行って、これから起こることを事前に知る
- ◆ 時間を減速させて敵の動きをスローにし、攻撃を躱す
- ◆ 人に流れる時間を早めて成長を加速させ、急激に老化させる
- ◆ 物体の時の流れを逆行させて、壊れたものをもとに戻す
- ◆ 時を止めて攻撃や罠を仕掛ける
- ◆ 成長後の姿で過去に戻り、進化前の敵を倒す
- ◆ タイムリープで人生をやり直す

能力を描写する関連語と文章表現

- ◆ すべてが停止した世界は、静かでもの寂しく、自分ひとりだけが存在しているかのようだった
- ◆ スローモーションで向かってくる敵をいなし、余裕のある手つきでその額に銃を突きつける
- ◆ 昨日とまったく同じ流れが目の前で繰り広げられ、時間がループしていることに気がついた
- ◆ 未来で会った彼女は髪が伸びて顔つきも大人っぽく、どこか別人のように感じた
- ◆ 意識を集中させると、崩壊した城のがれきが宙を舞い、もとの状態へと巻き戻った
- ◆ 肩に手を触れると、その者は急激に老いさらばえ、何十年も先の姿へと変貌した

何回リセットしても、結局〝今が一番〟

　人類の永遠の夢である「時間操作」。過去や未来を行き来する物語は根強い人気を誇ります。ところで［類語］にもあるように、しばしば混同されがちな「タイム〜」ではじまる3語をここでおさらいしておきましょう。

●**タイムトラベル：乗り物やシステムを利用して時空を移動する**
●**タイムスリップ：ハプニング的なきっかけで時空を彷徨(さまよ)ってしまう**
●**タイムリープ：自身に備わる特殊能力によって時空を移動する**

　いずれにせよこの能力の魅力は、**修復不可能な過去をリセットでき、予測不能な未来に立ち会えること**です。一見するとパーフェクトな人生が完成しそうですが、タイムパラドックスが生じたり、想定外の敵や妨害者が現れたりして、なかなか当初の目的は果たせません。結局、**今を一生懸命生きることでしか報われない、という結論に辿り着くのが物語の定番です。**

　ポイントは作品のテーマにあります。時空を超越して解決できる一方で犠牲が伴うという葛藤に苦しみ、時の流れに逆らわない真実の在り方に気づいて、再生の一歩を踏み出すドラマ性を盛り込みましょう。時間という壮大な題材だけに、教訓的なテーマを示唆するエンディングが不可欠です。

必ずしもハッピーな結末が待つとは限らない

タイムトラベル

タイムスリップ

弱者→強者という
王道の成長過程を踏む

　能力をキャラクターに付与する際、大前提として解決すべき問題として〝必然性〟と、それに関連する初期設定があります。

　たとえば、何の取り柄もない弱気で臆病な、主人公の中２男子がいるとしましょう。いじめられっ子で、クラスの乱暴な男子たちからターゲットにされています。日々に生きる希望などなく、真剣に自殺を考えていました。そんな少年がある日、異世界からやって来たという堕天使と出会い、７つの操作スキルを授けられます。

　PART.3 で解説した、「脳内」「心理」「人体」「物体」「人形」「生物」「時間」について、一度ずつ意のままに操作できるスキルです。

　少年はいじめっ子たちへのリベンジを果たし、先生を自在に操り、好きな女子と付き合えるようになり──とにかく今までの自分とは違う最強男子として生まれ変わります。

　ごくありふれたパターンの物語ですが、ここには〝必然性〟があります。弱者→強者という王道の成長過程を踏んでいる点です。

　不遇な背景があるからこそ、読者の大半は主人公に共感を覚え、行動に同調します。つまり、初期設定が機能しているわけです。

　後天的に強固な能力を与える場合、この初期設定次第で読者を味方にできるかどうかが決定づけられます。もし仮にいじめっ子が７つの操作スキルを授けられれば、さらなる悪者として君臨します。

　〝必然性〟があれば正義、なければ悪。これが初期設定の基本です。

PART.4

キャラクターの内面を明確にする「素質」スキル

PART.4

キャラクターの素質も
物語に欠かせない能力

　ここまでは、主にファンタジーの世界観で使えるさまざまな能力を解説してきました。登場人物に自然現象を操るスキルを付与したり、身体を強化する技を与えたりして、普通の人間の力を超えた存在として描写することで、物語をダイナミックな展開にすることができます。

　とはいっても、必ずしもスキルを現実離れしたものとして設定する必要はありません。**登場人物が生まれ持つ「素質」も立派なスキルだといえるのです。** むしろ個性ある人物を形成するうえでは欠かせない要素だといえるでしょう。

　たとえばバトルものの主人公を描くときには、日常生

活で仲間に頼られたり、困っている人を助けたりといった、リーダーシップスキルを発揮するシーンを描くと読者の共感を得られます。さらに、**内気な青年が数々の困難を突破することで次第にリーダーシップスキルを獲得していく過程を描けば、きっと読み応えのある物語になるはずです。**

　または全員を虜にする恋愛スキルを使って敵のアジトにスパイとして潜入する、姑息スキルを使って主人公や仲間をかき乱すといった使い方もできます。

　登場人物にどのような能力を付与するかは、一人ひとりの個性を決定する重要な要素です。本章にて、そんな素質スキルの数々を紹介しています。ぜひ、魅力的なキャラクター形成に役立ててください。

リーダースキル

【類語】

ボス　先導者　盟主　頭領　団長　マスター　代表　キャプテン

【能力を用いた例文】

A君は完璧すぎて私にはちょっと荷が重いし、疲れる。対してB君は適度な弱さや緩さがあって逆に共感できる。次の生徒会長はB君がいいな。

主な能力の活用法

◆ カリスマ性で周囲の人を惹きつけ、味方にする

◆ 先見の明があり、優れた判断で軍を勝利に導く

◆ 鋭い洞察力で変化や異変に敏感に反応する

◆ 実行力があり、未開拓の分野をどんどん開拓する

◆ 問題があっても迅速に解決する

◆ 強い精神力で周囲の人々の不安を払拭する

◆ 視野が広く、全体を見ている

◆ 的確な指示で効率のよい戦い方を実現させる

◆ 仲間思いで情に厚く、誰からも尊敬されている

能力を描写する関連語と文章表現

◆ 先を行く背中は大きく、この人にならどこまででもついていきたいと思った

◆ 意見のバラバラな仲間たちをひとつにまとめ、みなが同じ方向を向くよう画策する

◆ 戦いを前に不安を抱く仲間の背中に優しく手を当て、励ますように頷いてみせた

◆ 些細な異変に気づき、危険を察知して歩みを止めさせた

◆ どんな困難をももろともせず、仲間たちを率いて最深部へと歩みを進めていく

◆ 素早く指示を出し、各配置場所へ軍を分散させた

◆ 内輪のもめごとを丸く収め、先代に劣らぬ手腕を発揮した

少し抜けてるくらいが読者の共感をあおる

　ヒーローには2通りのキャラクターのタイプがあります。

　ひとつは孤高の存在として、常にひとりきりで戦うタイプ。もうひとつはバディや仲間がいて、みんなで共闘するタイプです。

　往々にして孤高のヒーローは、心の傷やトラウマのせいで、強いけれどネガティブなメンタルに潜む闇を抱えています。いわゆるダークヒーロー（あるいはヒロイン）もこの系統です。一方、共闘するヒーローはポジティブが売り。腕っぷしはもちろんメンタルも強く、不屈の精神力が自慢ですから、周囲の人が頼り、憧れます。そうやっていつも仲間に囲まれながら持ち前の「リーダースキル」を振るい、さらにチームを盛り上げます。

　これは私の個人的な意見ですが、昨今の時勢を鑑みた場合、後者の共闘タイプは煩わしく感じます。むしろ多様性の広がりも相まって、心の弱い孤高タイプのほうが読者から支持がされやすいと思います。**昨今、ダークヒーローが登場する作品が多いのも、おそらくそうした背景からではないでしょうか。**だとすれば不完全なリーダーも全然ありですし、リーダーの素質をもっと自由に捉えるべきかもしれません。

完全無欠なリーダー像はすでに過去の産物かもしれない

目標達成スキル

【類語】

完遂　成功　成熟　大成　到達　前向き　不屈　諦めない　挫けない

【能力を用いた例文】

まさかあの状態から立ち上がるとは。その不屈の精神には感服する。きっと最後には敵を倒すのだろう。俺はやつを信じることにした。

主な能力の活用法

- ◆ 粘り強く、何が起こっても諦めずにやり続ける
- ◆ 管理に優れ、時間を有効に使う
- ◆ 失敗しても、その経験を次に生かしてプラスに変える
- ◆ 柔軟な発想で策を編み出し、敵の意表を突いた攻撃をする
- ◆ 現状を把握して次の手を考える
- ◆ 優れた集中力で、時間のかかる作業もテキパキこなす
- ◆ やる気に溢れ、安定したメンタルで目標へと向かう
- ◆ どんな困難にも適応し、それぞれに見合った対策を講じる
- ◆ 目標の設定がうまく、最終的なゴールまで段階的に進んでいく

能力を描写する関連語と文章表現

- ◆ 日々の鍛錬に手を抜かない様子に、自分もこのまま満足していてはいけないと感じた
- ◆ 一度は敗北に終わるも、体制を整え、再び勝利を目指して敵の待つ城へと向かっていく
- ◆ 途方もない道のりに思えたが、毎日少しずつ進み続け、明日には目的の都市へ到着できそうだ
- ◆ 思いもよらない切り返しで隙を突かれたが、それさえも取り入れて戦闘スタイルを拡大する
- ◆ 空いた時間で見張りや街の人たちと言葉を交わし、情報を収集して1秒たりとも無駄にしない
- ◆ たとえ仲間に裏切られようと、いつか必ず思いが伝わると信じ、ブレずに突き進んでいく

苦難を乗り越えていく姿が感動を与える

　主人公であるための第一条件とは、読者に好かれること。

　ゆえに「目標達成スキル」は、地味ながらもぜひ与えてあげるべき能力のひとつといえるでしょう。

　と、ここで物語の流れについてお話しします。**原則として主人公には苦難や難題を次から次へとぶつけ、さまざまな障害で苦境に陥らせることが重要です。**苦難に満ちた状況でへこたれつつもなんとか切り返し、努力や友情によって克服しながら進化を遂げ、最後には目標を達成する——そんな右肩上がりの成長ぶりに読者は共感を覚え、自身を投影するからです。

　そこで使えるのが、目標達成スキル。「粘り強く、何が起こっても諦めずにやり続ける」と左頁の活用法にあるように、この前向きな姿勢こそが主人公の魅力を倍増し、読者を魅了する素質となります。

　しかし、一気に大成功へと導いてしまうような強力な目標達成スキルは、読者が興ざめしてしまいます。あくまで、**じわりじわりと小さな目標から達成していき、努力を重ねることによって無双となる**、そんな段階的ステップアップを意識してください。

「ダウン→立ち上がる→走る」の
右肩上がりが物語では大切

戦略スキル

【類語】

策略　謀略　作戦　したたか　目論見　企み　筋書き　参謀　指南役

【能力を用いた例文】

裏切りに次ぐ裏切り。あいつは真の悪党だ。あいつの謀略のせいだ。そう思っていたが違った。まさか、俺たちを助ける作戦だったとは。

主な能力の活用法

◆ 戦略を用いて、描いた筋書き通りに事を運ぶ

◆ 謀報活動を行い、仲間に有益な情報を収集する

◆ デマや噂を流し、敵を陥れる

◆ あざとい演技で懐に入り込み、敵を罠にはめる

◆ 何パターンもの対応策を講じる

◆ 集めた情報を活用して隙のない綿密な策略を立てる

◆ 敵地に潜入して味方側の思想を広め、行動を誘導する

◆ 外面をよくしてお願い事を聞いてもらいやすくする

◆ これからの展開について予測を立てて、常に早めに行動する

能力を描写する関連語と文章表現

◆ 街の平民に混ざり、それとなく噂を流して王に対する印象を操作しようと画策する

◆ いつも僕にだけ笑顔で話しかけてくれるあの子のためなら、どんな願いだって叶えてあげたい

◆ 敵軍の兵に出願し、入ったばかりの新人を装って、同僚とのやりとりから情報を探る

◆ どんな攻撃をされるか想定し、そのすべてに対応できるようにすれば、魔王討伐も夢じゃない

◆ 信じていた仲間がまさか敵のスパイだったとは。何年にも及ぶ綿密な計画だったようだ

◆ 察するに、この手下の動向を探れば、敵の意図やこれからの行動がわかるはずだ

悪い人？いい人？どちらでも好相性

　策略、謀略、作戦、したたかなどの［類語］に並ぶこれらの単語は、どれも油断ならない計画を連想させます。ゆえに「戦略スキル」＝参謀キャラと捉えてください。善悪に関係なく、**ヒーローやラスボスといったトップクラスが持つスキルとしては小粒で、象徴的な能力としてはふさわしくないからです。** とはいえ、戦略スキルを持つ参謀キャラを上手に扱えば、ストーリーに波乱の予兆を呼び起こし、ハラハラドキドキ感を高めます。

　そのためには、あることを匂わせる必要があります。

　それは〝裏切り〟です。仲間を裏切って敵側に寝返りそうなフラグを立てておけば、「あれ、こいつ何かがおかしいな」と読者を疑心暗鬼にさせ、暗雲立ちこめる展開を巧妙に演出できます。**元来が油断ならない計画を目論む非道キャラですから、その効果はてきめんです。**

　そして結末に向けては、２つのキャラタイプに分かれて落着します。

　ひとつは策に溺れて自滅する「やっぱり悪い参謀タイプ」。もうひとつは非道な奴だったのに最後の最後でいい人に転換する「見直されタイプ」。癖の強いスキルではありますが、じつは使い勝手のよいスキルなのです。

悪そうな人がいい人だと好感度が異様にアップする

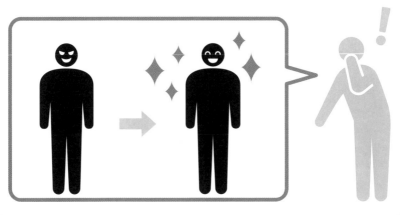

サバイバルスキル

【類語】

生存　存続　勝ち残り　競争　自活　生き残り　サバイバー　フィジカル

【能力を用いた例文】

「子どもたちを頼んだぞ！」そう叫びながら彼は自らの命と引き換えに、みんなを助けてくれた。生き残れたのは彼のサバイバルスキルのおかげだ。

主な能力の活用法

- ◆ 臨機応変に対応し、その場その場でうまく立ち回る
- ◆ 状況判断が的確で、すべきことをしっかりと捉えている
- ◆ 並外れた精神力で、たいていのことではくじけない
- ◆ 瞬時に危険を察知し、回避する
- ◆ どんな経験も知識として蓄える
- ◆ 緊急時に優れた判断をして仲間を安全に導く
- ◆ 極限状態に陥ってもパニックになることなく冷静さを保つ
- ◆ 自身の強みや弱みを明確に把握し、それを戦略に生かす
- ◆ 希望を絶やさず周囲を引っ張る
- ◆ 自立した生活を送る

能力を描写する関連語と文章表現

- ◆ 壁に走る亀裂を見つけ、建物から引き返した途端、見るも無残にすべてが崩れ落ちた
- ◆ 人けのない森にひとり取り残されるも、迷わないよう進んだ道に目印を残しながら出口を探す
- ◆ かき集めた木材や糸を使って地道に船を編み、海に浮かぶ孤島からの脱出を目指した
- ◆ 凍える寒さをしのぎ、なんとか確保した食料を少しずつ消費しながら救助部隊の到来を待った
- ◆ 味方の部隊が殲滅されていくも、機転を利かせた戦術で危機を脱し、ついには勝利を掴んだ
- ◆ 畑を耕して野菜を育て、狩猟で肉を確保し、人の手を借りずに自給自足の生活を送る

人を救うシーンで登場させたいスキル

　ファンタジーよりも、がぜんホラー系で映えるのが「サバイバルスキル」です。たとえば以下のような世界観の物語設定では、必ずといっていいほど、サバイバルスキルを発揮するタフガイキャラが登場します。

●ゾンビやクリーチャーが席巻する世界で仲間を引っ張るキャラ

●隕石衝突や異常気象のディストピアで家族を生存に導くキャラ

●ウイルスや感染症により人類が死滅する状況下で奮闘するキャラ

　つまり、**危機的なシチュエーションが似合い、自分だけが助かろうとするのではなく、大切な誰かを救うために踏ん張ります。**

　このサバイバルスキルにとって大切な要素は〝自己犠牲の精神〟にほかなりません。自分よりも他者を 慮 る献身的でピュアな心があってこそ、美談としてのホラーサスペンスストーリーが成り立ちます。

　もし、卓越したサバイバルスキルを持つ人物が、我が命しか顧みない自己中心的なエゴイストであれば、ヒーロー不在で救いのない、後味の悪い結末で終わるでしょう。**ハッピーエンドかバッドエンドか、物語のカギを握るのは、サバイバルスキルキャラの性格と人物造形にかかっています。**

キャラの性格が物語の結末を大きく左右する

BAD　　　　　　　　　　　　　HAPPY

頭脳スキル

【類語】

論理的　知的　知能　秀才　有能　ブレイン　高IQ　インテリジェンス

【能力を用いた例文】

あのお方が大将として天下を治められたのは、側近の軍師が優れていたからだろう。民の心を掴むことと、戦に勝ち続けることはやはり違うのだ。

主な能力の活用法

- ◆ 知識が豊富で、どんな質問にも答えることができる
- ◆ 卓越した記憶力で些細（さ さい）な変化や引っかかる情報を見逃さない
- ◆ もの覚えがよく、何でもそつなくこなす
- ◆ 情報から推理し、謎を解明する
- ◆ 敵の工作や罠を見抜く
- ◆ 新しい薬や魔法を開発する
- ◆ 戦闘時は司令塔の役割を担う
- ◆ 抜け目のない作戦を考え出す
- ◆ 優れた観察力で弱点を見つける
- ◆ 語学が堪能で、あらゆる言語の書物から情報を得る
- ◆ 周囲の環境や土地に合った戦法で敵を追いつめる

能力を描写する関連語と文章表現

- ◆ 得た情報を整理していると、最後のピースがはまり、あるひとつの事実が浮かび上がった
- ◆ 敵の行動から察するに、ある箇所を積極的に攻撃すれば、勝てる可能性は十分にある
- ◆ 密集した木々が行く手を阻（は ば）むが、これを活用すれば隠れながら敵の隙を突いた攻撃ができる
- ◆ やはりこの扉に罠を仕かけていたか。いかにもあいつが考えつきそうなことだ
- ◆ 道中、あれは何だ、これは何だと質問ばかりしてしまったが、博士は嫌がらずに答えてくれた
- ◆ これほど完璧な戦略を立てるとは、さすが若くして軍の司令塔を担うだけのことはある

〝頭がいい〟だけでは愛されない

多くの書き手が勘違いしがちですが、特定の役柄を除き、むやみやたらに「頭脳スキル」を主人公に与えてはなりません。**卓越した頭脳スキルを持つ主人公だったら、仲間の助けなく単独で障害や難題をクリアできてしまうからです。**いわゆる〝そつがない〟主人公は読者受けがよくありません。共感どころが見出せず、近寄りがたいキャラに映ります。

よって戦闘時に司令塔的役割を果たしたり、ピンチのときに知恵を授けたりするのは、側近のひとりである賢者に丸振りしてください。

もっともよい例が『三国志』です。大将は劉備玄徳ですが、知を司る軍師は諸葛亮孔明と、役が分けられています。戦闘スキルに優れる武官と、頭脳スキルに優れる文官が別々に存在するのは、その特性が明らかに異なる証拠。**さらに主人公には、メンタル面での強さと優しさの共存など、人間的魅力を存分に与えてこそ読者に愛される人気キャラに育ちます。**

知性と人気は直結しない。これが創作上の方程式だと理解しましょう。ちなみに冒頭で触れた特定の役柄とは名探偵や名刑事です。推理と捜査に長けるべき役柄に頭脳スキルがなければ、残念な物語になってしまいます。

知恵で戦うキャラと力で戦うキャラで役割を分ける

「頭脳」スキルの文官

「戦闘」スキルの武官

クリエイティブスキル

【類語】

創作　創造　発想　閃き　斬新　天才肌　先進的　異色　アイデアマン

【能力を用いた例文】

予想外の武器で窮地を脱することができた。たまに彼は突飛な発想で仲間を救ってくれる。とはいえ普段は何を考えているか謎な存在で、影が薄い。

主な能力の活用法

- 画期的な発明をして便利なものを世の中に普及させる
- 武器や防具を改良する
- 独創的な攻撃スタイルと身のこなしで敵を翻弄する
- 物語や絵を創作し、現在の出来事や情報を後世に伝える
- 突発的な行動で敵の意表を突く
- 独自の調理法やレシピで飽きのこない料理をつくる
- 人造兵器をつくり出す
- 道具の発明によって不可能なことを可能にする
- ほかにない着眼点で戦略を練る
- おしゃれに敏感で、常に流行を先取りした服装をする

能力を描写する関連語と文章表現

- 預けていた剣には自動修復という機能が追加され、よりパワーアップして戻ってきた
- 見るからに奇抜な格好だが、独創的な人となりを考えるとよく似合っているように感じる
- 画期的な発明品はたちどころに世に広まり、今や持っていない者のほうが少ないほどである
- 日夜研究に明け暮れ、やっと最新鋭の魔導具を開発できた
- 人型の巨大兵器が砂埃を舞い上げながら敵に向かっていくのを、自慢げに眺めている
- 突飛な考えではあるが、敵の弱点を突くには持ってこいだろう
- 先の読めない奇怪な身のこなしに翻弄されるばかりだった

いざというときのアイデアマン

　小学校のクラスにひとりはいたはずです。成績優秀な優等生ではなく、運動神経に優れるでもなく、学級委員としてリーダーシップを発揮する統率力もなく、普段は目立たないのに、図画工作の時間になるとずば抜けた絵を描いたり、粘土細工で独創的な作品をつくったりして見直される人。

　小学生時代、そんなクラスメイトをどう評価すべきか、うまい言葉が見つかりませんでしたが、今は便利な語彙が市民権を得ました。

　そう、クリエイティブです。**ちょっとだけ人と違う感性やセンスがきらりと光れば、クリエイティブと評され、少しだけ鼻高々になれます。**

　さて前置きが長くなりました。「クリエイティブスキル」を持つキャラは、そんな感じです。独自の発想と器用さで絶体絶命の危機を乗り切るアイデアを閃き、バトルに便利な武器や防具、兵器を創造します。たしかに役に立つものの、いかんせん普段のインパクトが弱く仲間内でも目立ちません。

　それでもクリエイティブスキルを持つキャラがひとりいると便利です。**ピンチの場面で、意外なアイデアで仲間を助ける懐刀的存在になります。**普段は影が薄くても、いざというとき重宝するので覚えてあげてください。

普段は地味でも一躍脚光を浴びる瞬間がある

一芸一能スキル

【類語】

技能　芸能　芸術　芸事　専門分野　特技　センス　パフォーマンス

【能力を用いた例文】

クラスの誰もが黙り込む。普段目立たない彼がピアノの前に座ったから。
直後、ショパンの名曲が聴こえてくる。そんな一芸に秀(ひい)でていたなんて。

主な能力の活用法

- 語学に秀で、自国と外国との橋渡し役を務める
- 占いの才があり、未来を予知して仲間の危険を回避する
- 得意の音楽を生かして吟遊詩人として各地を回る
- 建築技能を駆使して城を建てる
- 見事な踊りで人々の気を高める

- 文才を生かし、人を惹きつける記事を書いて世論を操作する
- 考古学への造詣(ぞうけい)が深く、古代文明の謎を解き明かす
- 豊富な法律の知識によってトラブルを回避する
- 優れた料理の腕前で、仲間の体力を全回復させる

能力を描写する関連語と文章表現

- 類(たぐ)い稀なる歌声で、人々の心は和み、街を覆っていたどす黒い瘴気(しょうき)がだんだんと晴れていく
- 占い師が水晶に手をかざすと、そこには城に侵入しようとするひとりの男の姿が映し出された
- 手慣れた手つきで食材が次々さばかれ、誰も真似できそうにない格別な料理が出来上がった

- 美しく流れるような文章に心を奪われ、先へ先へとはやる気持ちを抑えながら読み進めていく
- 知らせを受けて船場を訪れると、依頼した以上にたくましく素晴らしい出来の船が待っていた
- 話が通じず困っていると、通りすがりの貴婦人が流ちょうな外国語で助け舟を出してくれた

さえない地味キャラに与えると映える

前頁のクリエイティブスキルに近しい、渋めの能力が「一芸一能スキル」。PART.1 で解説したような、火や水や風といった壮大な素材を操れる魔法や妖術ではありません。たとえるならそれはマッチ棒の炎とか、コップ1杯分のミネラルウォーターとか、団扇でそよぐ涼風など、非常に限定された1分野を特化して操れるニッチスキルと表現したほうが適切でしょう。

ダイナミックなスケール感に欠けるため、ハイファンタジーな世界観で扱うには難があります。現代世界を舞台とした物語のほうが使い勝手がよく、それなりに高い威力を発揮します。スクールカースト最下級の男子が天才的にピアノが上手だったり、書道の達人だったりというように。

ポイントはどの分野に長けているかというジャンル選定にあります。

一芸一能ですから、文化的香りのする芸術・芸能ジャンルがベスト。フィジカルよりもアカデミックなパワーの拡充が、ニッチスキルにふさわしいでしょう。さらにいうなら、陰キャが一芸一能スキルを隠し持っていると映えます。マイナスからの逆転プラス効果——多くの読者はこうした意外性に感情移入し、心よりエールを送るからです。

意外な一面をアピールするほど

読者はいい意味で驚く

バイオレンススキル

【類語】

暴力　格闘　喧嘩　暴れん坊　非行　乱暴　狂暴　極悪　強烈　野蛮

【能力を用いた例文】

あの場面で敵を殺していれば、こんな惨劇は起こらなかったのに。あのヒーローは優しすぎてすぐ敵を許してしまう。だから地球はいつもピンチだ。

主な能力の活用法

- ◆ 腕力で敵をねじ伏せる
- ◆ 敵を挑発し、あえて攻撃させてカウンターを狙う
- ◆ 恐喝して怯えさせ、持っている情報をすべて吐かせる
- ◆ 危険を顧みない乱暴な運転で目的地までかっ飛ばす
- ◆ 凶暴化してパワーを開放する
- ◆ フィジカル面に特化し、敵からの物理攻撃が効かない
- ◆ 非行経験から飲酒に慣れており、どれだけ飲んでも酔わない
- ◆ 力の限り暴れて破壊する
- ◆ 自身の凶暴性を知らしめて、周囲の人々を服従させる
- ◆ 敵に真っ向勝負を仕かける

能力を描写する関連語と文章表現

- ◆ 近距離からの打撃は鎧をも砕き、その衝撃波で全身が痺れるようにざわめき立った
- ◆ 楽しげに殴り続ける様子に、常識の通じない相手だと悟り、恐怖で足がすくんで動けない
- ◆ 喧嘩っ早く、頭に血がのぼると手がつけられないが、味方にするとこれほど心強いものはない
- ◆ 圧倒的な暴力を前に、悪の限りを尽くしてきた者たちでも、恐怖のあまり雲散霧消した
- ◆ 向かってくる敵をなぎ倒し、敵陣に突っ込んでいく姿は、まさに暴れ馬の如き猛々しさだ
- ◆ あまりの凶暴さに止めに入る者はみな吹き飛ばされ、されるがままの状態である

〝暴力性〟はヒーローにこそ持たせたい

「バイオレンススキル」——恐ろしいスキルの登場です。

究極の荒業を凝縮した暴力スキルといえます。と、この文字面を見ただけで、多くの方は悪役キャラ専門のスキルと捉えるでしょう。

しかし、それには異論があります。バイオレンス＝悪という括（くく）りは少し安直すぎる気がしませんか？ 私は**このスキルこそ、正義の味方のヒーロー（あるいはヒロイン）にふさわしい力だと思っています。**

というのも、博愛主義の優しい正義の味方に地球が守れるでしょうか。

博愛も優しさも大切ですが、正義の味方ならまず大前提として強くなければ話になりません。それもただ強いだけでなく、時と場合によっては非道な残虐性をもって敵の息の根を止めなければ、人類と地球を救えないことだってあるでしょう。つまるところ悪の敵との戦いは、命を賭けた真剣勝負です。そして最後の最後にはバイオレンススキルがものをいいます。このスキルが上回るほうが勝利します。

どれほど愛に満ちた優しい英雄であろうと、バイオレンススキルは必須なのです。正義を貫き通すために。

ピンチのときは狂暴な味方のほうが頼もしい

サポートスキル

【類語】

補助　援護　支援　応援　補佐　フォロー　アシスト　加勢　助太刀

【能力を用いた例文】

戦いとは、敵をやっつけるだけではないのだ。仲間の気持ちに寄り添って、支え合うこと。そういう気配りを彼女から大いに学んだ。

主な能力の活用法

- 医療の知識や回復魔法を使って怪我人を救護する
- 仲間の攻撃力・防御力を上げる
- 前衛の攻撃を後方から援護する
- 仲間の魔力を増長させる
- 気配りに長け、仲間の体調の変化を敏感に察知する
- 人と人を仲介し、仲間を増やす
- 多忙な王を補佐する宰相としてその地位を固める
- 事務作業をテキパキこなして団長の仕事を補助する
- 仲間が戦いやすいよう、広範囲にシールドを展開する
- カウンセリングを施し、仲間の精神状態を安定させる

能力を描写する関連語と文章表現

- 倒れる仲間のもとへ駆け寄り、傷口を確認すると、意識を集中させて回復の呪文を唱えた
- 統括で忙しそうな団長に代わり、溜まった書類の整理をして業務をサポートした
- 浮かない顔をしているのが気になって話しかけると、ポツポツと悩みを打ち明けてくれた
- 剣士が敵にアタックしていくなか、魔導士は後方から魔法攻撃を飛ばして援護を続ける
- とどめの一撃をさそうとする術者の背中に触れ、その攻撃力を高めるために自分の最後の魔力を分け与えた
- さりげなく仲を取り持ち、討伐隊の結束力を高めた

なくてはならない裏方的な能力にも注目

「サポートスキル」とは、直接、敵に必殺技を繰り出すわけではありません。致死的な大ダメージを与える妖術を操るわけでもありません。そのネーミング通り、仲間を支えて援助する裏方的な能力。ひと昔前なら「これがスキルなわけ？」という疑問の声が上がったかもしれません。**攻撃的・能動的な前へ出るアクションではなく、保守的かつ受動的な活動に従事するわけですから。**

実際、左頁の活用法を見ても、救護、補佐、援護、補助と、内助の功のような地道な働きが目立ちます。

ともすればダイナミックなファンタジーを描く際、つい見逃してしまうようなスキルですが、なかなかどうして侮れません。

昨今は、「寄り添う」「気を配る」「支え合う」といった他者への配慮が**非常に重んじられて尊ばれる時代です。**当然、コンプライアンスにも大いに関係します。

ゆえにサポートスキルに特化すれば、時代に見合ったキャラ立ちが可能となるはず。ぜひ心に留めてこのスキルを独自活用してみてください。

弱ったときは仲間のサポートが必須の時代に

姑息スキル

【類語】

卑怯　ずる賢い　悪知恵　狡猾　小細工　無責任　不誠実　ひねくれ者

【能力を用いた例文】

まさかそこまで……という姑息な手で追い詰めてくるとは。まったく戦士の風上にも置けぬやつだ。だが、俺は最後まで正々堂々と戦い抜くぞ。

主な能力の活用法

- ◆ 裏工作で、協議の結果を操る
- ◆ 賄賂を渡して要求を呑ませる
- ◆ 情よりも利益を優先し、仲間を裏切ってより強い者の下につく
- ◆ 他人の手柄を横取りして自分のものにする
- ◆ 自己愛に溢れ、強いメンタルでどんなことにも手を染める
- ◆ 自分のしでかした失敗を人のせいにして責任転嫁する
- ◆ 告げ口して偉い人に優遇される
- ◆ 敵を騙し討ちして倒す
- ◆ うまくズルをして訓練をサボる
- ◆ 頭の回転が速く、つねに効率のよい方法を思いつく
- ◆ 力を温存して無理なく戦う

能力を描写する関連語と文章表現

- ◆ おいしい話を持ちかけると、コロッと騙されてぜひとも協力したいといってきた
- ◆ 敵将の寝首を搔こうと、前方に散らばる兵の陰に隠れながら少しずつ距離を詰めていく
- ◆ やっとの思いで手に入れた希少な鉱石を、何のつながりもないアイツに奪われた
- ◆ 敵に寝返ったと知ったら、かつて苦楽をともにした仲間たちは一体どんな顔をするだろうか
- ◆ あの地位を手に入れるためなら、裏切りも騙し討ちも、どんなことだっていとわない
- ◆ 握った弱みをちらつかせると、怯えた表情で、こちらの要求を何でも呑むといった

アンフェアな人は嫌われるのが宿命

　「勝つためには手段を選ばない」という考え方は、スポーツにおけるフェアプレーの精神に反するといわれます。物語のバトルにおいても同様。ヒーロー（あるいはヒロイン）は、〝ただ勝てばいい〟わけではありません。

　〝いかにして勝利を収めたか〟というプロセスと美学、方法論を加味したうえで敵を倒してこそ、読者に真の勝者として認められます。

　「姑息スキル」とは、その対極にあるスタイルです。

　その場しのぎで、なんとか切り抜けるための手段を講じることしか頭にないため、卑怯・狡猾と揶揄されようとも、ただ勝つという体裁だけに執着します。つまり、悪役に与えるには最適なスキルといえます。

　とりわけ憎まれ役のヒールに、非道で姑息なスキルを背負わせれば効果てきめん。**主人公の正義の味方が苦悶して葛藤する見せ場をつくればつくるほど、クライマックスでの大どんでん返しに読者は狂喜します。**

　古今東西のあらゆる物語で、姑息スキルを駆使する性悪キャラを登場させることは定番中の定番。アンフェアな人は嫌われる宿命にあるからです。

　ためらうことなく徹底的に、ずる賢い敵役を描き切りましょう。

ラストで姑息キャラには
必ず天誅が下るお約束がある

指導スキル

【類語】

教育　育成　指南　助言　アドバイス　監督　訓練　しつけ　手ほどき

【能力を用いた例文】

おいらは間違っていた。本当の強さとは技や力じゃない。師匠が伝えたかったのは心の強さなんだ。よし、もう負けないぞ。おいらは絶対に勝つ！

主な能力の活用法

- 弟子をレベルアップさせる
- 優れた洞察力で、1人ひとりに的確なアドバイスをする
- 訓練を取り仕切って、強力な部隊につくり上げる
- 厳しくも深い愛情で、ねじ曲がった心を正しい方向に導く
- 豊富な経験で人の本質を見抜く
- 親以上の面倒見のよさで、情の深い人間に成長させる
- 熟練の体さばきで手本を見せる
- 力でねじ伏せるだけではなく、技量の底の深さを教え込む
- 広い視野で現場を監督する
- 将来性や変化の兆しに気がつき、先を見通した行動をとる

能力を描写する関連語と文章表現

- 師匠との鍛錬の日々を乗り越え、ついに魔王さえも倒せる特大魔法を習得した
- はじめて目にした先生の演武は、時を忘れて見惚れてしまうほど美しく鮮やかだった
- 稽古相手として毎日技を受けていると、日に日に弟子の動きに磨きがかかっていくのがわかる
- ひと目見た瞬間、内に秘めたる能力を感じ、気づけば弟子にならないか持ちかけていた
- 団の訓練を俯瞰（ふかん）しつつ、一人ひとりのところへ回って細かい指導を繰り返した
- 様子がいつもと違ったように感じ、訓練後に呼び出して何かあったのか問いかけた

ハッピーエンドまでの超王道 6 ステップ

　師匠や師家といった「指導スキル」を備えるキャラは、バトル系ストーリーにおいて必要不可欠な登場人物のひとり。なぜなら**多くの物語において、序盤の主人公は弱くて未熟だからです。**

　着目すべきは、その弱くて未熟な主人公が先生キャラと出会い、そこからエンディングまでが、一定の王道パターンで進行すること。

　おおむね次のような流れで、主人公は成長を遂げます。

① 外見は弱そうでみすぼらしい師匠と、弱者の主人公が偶然出会う

② 説教がましいことを言われて決闘し、惨敗を喫して弟子入りする

③ 技術的な攻防を習得して鼻高々となり、敵にボコられてしまう

④ 意気消沈するもなんとか立ち直り、ふたたび弟子入りする

⑤ 真の強さとは心の成長にあると悟りを開き、覚醒する主人公

⑥ 次々と敵を蹴散らし、終盤でラスボスを倒してハッピーエンド

　ポイントは②③④。主人公は挫折と葛藤で苦しみます。その後、⑤⑥で心身がアップデートされて本当の強さを獲得します。このとき、生徒である主人公の目線で成長過程や心情の変化を描くことが肝心です。

七転び八起きを見守る師匠のおかげで成長する

負けるもんか！

恋愛スキル

【類語】

愛嬌　駆け引き　色恋　ロマンス　青春　色仕かけ　誘惑　ひと目惚れ

【能力を用いた例文】

いつの間に盗まれたんだ？　もしかして彼女とお茶している間に？　あまりに魅力的な女性だったのでつい見とれてしまった。こいつはヤバいな。

主な能力の活用法

- 周囲の人を惹きつけ、魅了する
- 誘惑してお願いを聞いてもらう
- 駆け引きを仕かけて相手の情緒を強く揺さぶる
- 相手の心の機微を察知して、それに合った対応をする
- 色仕かけで極秘情報を引き出す
- 敵をメロメロにして無力化する
- 敵が見惚れている隙に攻撃する
- 権力者を落とし、玉の輿に乗る
- 持ち前の包容力で仲間を癒す
- アピール力に優れ、相手にうまく自分を売り込む
- 敵同士のふたりをけしかけて、戦いの火種をつくる
- 恋情を操って催眠状態にする

能力を描写する関連語と文章表現

- 甘い言葉を真に受け、本当の目的など知る由もなくズブズブと泥沼にはまっていく
- 思わせぶりな態度でそそのかし、うまく部屋に入り込んで隠されているはずの情報を探した
- 敵であるアイツと同じ人を想っていたとは。譲らぬ気なら、勝負するしか道はない
- 微妙な表情の変化を感じ取り、最適な受け答えを繰り返して、徐々に懐へと入っていく
- 見とれている隙を突き、首もとの動脈を狙って隠し持っていた毒針を突き刺した
- 鈍感な振りをして相手を油断させ、色仕かけを交えながら機密情報を聞き出していく

時代に合わせて恋愛の形もアップデート

　ひと昔前のスパイアクション系の映画や漫画やアニメで、必ずといっていいほどキャスティングされたのが「恋愛スキル」を売りにする女性サブキャラです。色仕かけで誘惑して男性を翻弄し、お目当ての宝石や重要機密をするりと盗んで消えてしまう——そんな恋愛スキルを備える女性には、さまざまなキーワードが当てはまりました。たとえば、「紅一点」、「謎の美人」、「悪女」、「小悪魔」、「魔性の女」など。**しかし、令和の現在では見かけることが少なくなりました。**

　多様性を含め、さまざまな価値観や捉え方を尊重すべき昨今では、ともするとデリケートな問題を内包するリスクもあるため、恋愛スキルを売りにするキャラクター自体がタブー視される傾向にあります。

　ただ、方向性を変えた恋愛スキルならどうでしょう。たとえば、人間よりも人間らしいAIが軍で極秘開発され、なぜか恋愛スキルを習得し、ネットを介してとある女子高生と恋に落ちてしまうとか。**時代の変遷に合わせてアレンジすれば、さまざまな可能性が溢れているはず。**恋愛自体は誰もが共感しやすい魅力的な題材です。ぜひトライしてみてください。

令和のラブストーリーなら
恋愛スキルがさま変わりするかも

根性スキル

【類語】

ガッツ　気骨　度胸　タフ　不屈　根気　活気　精神力　バイタリティ

【能力を用いた例文】

彼女はすごい。どんな困難にもめげず、突き進んでいく。これからも何度か失敗し、心が折れるに違いない。けど、最後には絶対成功を収めるだろう。

主な能力の活用法

- ◆ 失敗してもめげずに再挑戦する
- ◆ 目上の者にも臆さず意見する
- ◆ 鋼のメンタルで否定的な意見や逆境を跳ね返す
- ◆ ひとつのことに執着して、右に出る者がいないほど極める
- ◆ 人に流されず、自分のスタイルを最後まで貫き通す

- ◆ すべての不調を気合で治す
- ◆ 持ち前の向上心の高さで仲間の気力をアップさせる
- ◆ 才能がなくてできないことでも、何回もトライして習得する
- ◆ 目的や心の軸がブレず、自分を変えずに周りを変える
- ◆ 恐れず先陣を切って突撃する

能力を描写する関連語と文章表現

- ◆ 体が重く、熱っぽかったはずが、なんとかなると思っているうちに本当に大丈夫になってきた
- ◆ 周りに敵しかいない状況に追い込まれるも、不屈の精神でぐんぐん突き進んでいく
- ◆ 目的に向かっていくひたむきな姿に胸を打たれ、自分もこうしてはいられないと鍛錬に励んだ

- ◆ 悪態をつく上官に向かい、場の凍るような鋭いひと言を放った
- ◆ 戦場に走る静かな緊張を、圧倒する一撃で切り裂いた
- ◆ けっして屈さないという意志が、熱く目に宿っている
- ◆ 無能といわれていた少年は、血を吐くような努力の末に、今世紀最大の魔術師へと成長した

主人公に必要不可欠な「やり抜く能力」

　貪欲にぐいぐい頑張ることが、とかく無理っぽいとか、マジ疲れるとか、軽視されがちな時代です。それでも人の心に刺さる物語作品とは、主人公がどんな困難や苦難に直面しようとも、目標を達成するまで徹頭徹尾全力を尽くしてやり抜く姿を描いているもの。感動のツボは普遍なのです。

　そういう意味で「根性スキル」は、これまでもこれからも、**主人公キャラが備えるべき基本的かつ絶対的な能力であることに変わりありません。**

　昨今、GRIT（グリット）という言葉がよく聞かれます。困難に立ち向かう Guts（ガッツ）、苦境でも心が折れない Resilience（レジリエンス）、自発的に取り組む Initiative（イニシアチブ）、執念深く最後までやり遂げる Tenacity（テナシティ）という4つの語彙の頭文字をとって GRIT、すなわち「やり抜く能力」と定義されています。GRIT は**社会的成功を収めるため、知能指数や学歴よりも重要なスキルとして注目を集めています。**

　つまり、これは根性スキルです。日本で軽視されつつある根性論が今、アメリカの心理学者の間で見直されているというわけです。いつの時代でも人は努力を重ねて頑張らなければ、目標を達成できません。

GRIT を提唱した心理学者ダックワース教授は
「やり抜く能力」が社会的成功に絶対必要と説いている

スティーブ・ジョブズ、マイケル・ジョーダン、
マーク・ザッカーバーグも、GRIT の持ち主

上品スキル

【類語】

高貴　高尚　しとやか　エレガント　ハイクラス　気高い　麗しい　優雅

【能力を用いた例文】

お嬢様の言動は今日も際立っている。本人はおしとやかなつもりでも、周りはドン引きだ。それでも憎めないキャラだから不思議でしょうがない。

主な能力の活用法

◆ 持ち前の財力と権力を使って、ピンチの仲間を助ける

◆ 洗練された立ち振る舞いを生かしてパーティーに潜入する

◆ 自然と溢れ出る高貴さで他者を寄せつけない

◆ いわずともわかる育ちのよさから親世代に気に入られる

◆ 丁寧な言葉遣いで周囲の人に好印象を与える

◆ 美しい所作で人を惹きつける

◆ 莫大な資金力で融通を利かせる

◆ 自分で動くことはせず、相手を自然に動かすことができる

◆ 王族や貴族といった上流階級に関する情報に精通している

能力を描写する関連語と文章表現

◆ 煌びやかなドレスを身にまとい優雅に歩く姿は、周りの者の視線を引きつける

◆ 広い交友関係を駆使し、潜入のために必要なパーティーの招待状を手に入れた

◆ 村人と同じ格好をしていても何気なく発する言葉やちょっとした仕草には気品が漂っていた

◆ あまりのオーラに、恐れ多くて誰も近づくことができない

◆ 学園のお茶会で仕入れた情報を頼りに敵の尻尾を掴む

◆ 家の力を使って資金を集め、いよいよ作戦を実行へと移す

◆ 洗練された振る舞いで貴族の輪に溶け込み、さりげなく会話を広げて情報を集めた

 世間とのズレ感を演出しユーモラスに描く

男女や敵味方や善悪を問わず、登場人物にひとり欲しいのが「上品スキル」を持つサブキャラ。これは何と表現すればよいのでしょうか。

特に何かに秀でているわけではありません。ものすごく役立つわけでもなく、もちろん、絶体絶命のピンチで底力を発揮するわけでもありません。

ただひとつはっきりしているのは、**周りのキャラと展開を引き立てるということ**。高貴でエレガントな佇まいは明らかに浮いていて、言葉遣いやファッション、仕草も際立って異質です。ここに利用価値があります。

とはいえ、正統な上品スキルばかりアピールしても面白くありません。どこか調子はずれで、ほかの登場人物とかみ合わないズレ感を巧みに演出しましょう。**漫才でいうなら、ボケとツッコミの〝ボケ役〟です。**

上品スキルが売りのハイクラスなキャラクターが、真面目に会話したり行動したりすることでコミカルかつユーモラスな味を醸し出すと、不思議なキャラ立ちが成立し、物語がぐんと魅力的になります。

ファンタジーからミステリーまで、ジャンルに関係なく、上品スキルはストーリーに華やかさと独自の色を添える効果があります。

物語に華を添える〝ボケ役〟

お笑いスキル

【類語】

ツッコミ　ボケ　トーク　モノマネ　ワードセンス　ユーモア　漫才

【能力を用いた例文】

「何いうてんねん。お前、アホちゃうか？」新しい相方は関西弁を話す。
俺は苦手だが、独特のしゃべりが緊張をほぐすのか、聞き込みがうまい。

主な能力の活用法

◆ 険悪なムードを明るくする

◆ ギャグで子どもの支持を得る

◆ 抜群のトーク力でいかなる場を
も盛り上げる

◆ 鋭いツッコミで矛盾を突く

◆ 高い語彙力で機転を利かせる

◆ 完成度の高いモノマネで他人に
なりすます

◆ 笑顔で相手の警戒心を解く

◆ ボケて相手を油断させる

◆ 優れたワードセンスで、気の利
いた発言をする

◆ にぎやかさで周囲の注目を集める

◆ 嫌なことがあっても、それを話
のネタに昇華する

◆ ノリのよさで苦境を乗り越える

能力を描写する関連語と文章表現

◆ 渾身の芸を披露すると、暗くふ
さぎ込んでいた子どもが途端に
明るく笑い出した

◆ 持ち前のトークで群がる村人の
注目を引いている間に、仲間た
ちがそっと裏口から抜け出す

◆ 若い王子に扮し、城の誰にも見
破られることなく、堂々と目当
ての宝物庫へと足を踏み入れる

◆ はじめて入った飲み屋でノリの
よさを気に入られ、いつの間に
か常連客たちに囲まれていた

◆ 喧嘩がはじまりそうだった雰囲
気は今や跡形もなく、ただただ
笑いに包まれている

◆ 堅物そうな門番も、圧巻の話術
に丸め込まれ、すんなり城のな
かへと入れてくれた

困ったら関西弁に頼るのも一案

　キャラ立ちと同時に、テンポよく展開を盛り上げる創作テクニックとして、「お笑いスキル」を主要な登場人物に与えることがあります。

　これが案外難しい。

　多くの場合、お笑いスキルは会話のやりとりで表現しなければならず、必然的に台詞回しのリズムや語感の妙が要求されます。

　さらにいうならお笑いスキルとは、ギャグやダジャレを連発することではありません。あくまで軽妙洒脱（けいみょうしゃだつ）な言葉遊びに徹し、**どんな層の読者が読んでもクスッと笑える、シンプルなわかりやすさも必須です。**

　では、具体的にどうすればよいのか？

　物語の世界観に関係するため、あらゆるジャンルで多用できないものの、一法として関西弁をしゃべらせるというオーソドックスな技法があります。うまく機能すれば独特の間が生まれ、漫才を見ているようなおかしさを演出できるでしょう。マシンガントークを活用するのも妙手ですが、いずれにせよ高度な文章表現力があってこそ。**人を笑わせるのはもっとも難しい芸と評されるだけに、書き手としての感性と筆力が求められます。**

書き手のお笑いセンスが如実に文章に表れてしまう

うーむ
難しいなあ

特殊スキル

【類語】

特異　独自　独特　特別　スペシャル　エキセントリック　マイナー

【能力を用いた例文】

烏合の衆だと思っていたが、個々の特殊スキルを連携すると、とんでもない偉業を成し遂げている。奴らはこの1件で人間的にも成長したと思う。

主な能力の活用法

- 大食いで、どんな量の食事もすべて平らげる
- いくら酒を飲んでも酔わない
- 人知れず物を盗む
- 罪悪感なく拷問にかけられる
- 強運でどんな願いも実現させる
- お金を稼ぐ能力に長け、好きなように資金を繰る
- 共感覚で人の感情や嘘を見抜く
- ありとあらゆるロックを短時間で解除する
- そっくりな見た目に変装することができる
- 恐怖を感じない
- 優れたメイク技術で顔を変えて、別人に変装する

能力を描写する関連語と文章表現

- あっという間にカギを盗み出して、閉じ込められていた牢獄から脱出することに成功する
- 激しく恫喝していたかと思えば、急に優しい口調になって固く閉ざしていた口を割らせる
- 一か八かのギャンブルと思わせつつ、持ち前の強運で目当てのものを難なく手に入れる
- 出入りの商人の姿に変装して敵の城内に忍び込む
- キザなルックスと軽妙な話術で女性を虜にさせて、敵地への侵入経路を探り出す
- 鉄を金に変換させると、それを売って大量の武器を仕入れた
- 敵の銃を手にすると、瞬時に分解して使いものにならなくした

単体だと扱いづらい能力はチームで使う

　PART.4 のラストで取り上げるのは「特殊スキル」全般です。

　左頁からピックアップすると、大食い、酒豪、強運、錬金術、千里眼など、さまざまなスキルが並んでいます。とはいえ個別ではインパクトが弱く、主人公に特化して与えるにはやや難あり、という印象は否めません。

　こうした地味系の特殊スキルであっても、**集合体にすればユニークな演出効果を発揮して物語の核となります**。一番わかりやすい例は、数人の癖ありキャラが集まってチームを結成し、とあるミッションを達成するという設定の物語でしょう。そのチームには、根暗なハッカー、金庫破りの名人、爆発物づくりの職人、変装のプロ、詐欺の達人といった、〝悪芸〟に秀でたキャラが勢ぞろい。そうして各々の特殊スキルの連携で、数々の障害や試練をクリアし、完遂不可能なミッションを成功に導きます。

　ポイントは、**一つひとつのスキルが世の役に立たなくても、力を合わせれば大きな目標を達成できる点です**。さらに一匹狼的な癖ありキャラが友情に目覚めて助け合うなど、人間的成長を遂げるのもストーリーの屋台骨となります。あらゆるスキルは使い方次第で有効に活用できるのです。

特殊スキルの集合体といえば忍者

鋭い観察眼を磨くことも
書き手として重要

　強固で特殊な異能力ではなく、人よりやや秀でた素質や素養にフォーカスした PART.4 のスキルですが、じつはまだまだ多様なバリエーションがあります。

　誌面の都合上、ご紹介できませんでしたが、以下にざっと列挙してみました。

●生活スキル：どんな環境下でも逞しく図太く生きられる

●おしゃれスキル：お金をかけずに洒落た雰囲気を演出できる

●オタクスキル：ニッチ分野に深い造詣と知見を蓄えている

●同情スキル：他人の気持ちにするっと入り込んで心を掴む

●おてんばスキル：天真爛漫なハチャメチャでも人に愛される

●運動スキル：高い身体能力を武器にどんなスポーツも万能

　どれもが取り立てて目を見張るような派手な力ではないものの、ユニークなキャラ造形とともにスキルを与えれば、意外なほど物語のスパイスとなって活躍します。また、世界観に合ったアレンジを加えることで、どんなジャンルにも応用できます。

　そういう意味ではあなたの身の回りでも、個性がキラリと光る独特のスキルを持った人がいるはず。ぜひ見つけてみてください。

　鋭い観察眼を磨くことも、書き手としての大切な素質です。

PART.5

物語のクオリティを左右する
魅せる能力描写の方法論

PART.5

面白い作品をつくるには〝説得力〟が必須

　ここまで、物語内で登場人物に付与できるさまざまなスキルを紹介してきました。物語に使える能力のレパートリーに加え、それをどのような語彙で表現するのか、その能力を用いるときのポイントがおわかりいただけたかと思います。本章ではこれまでの集大成として、**物語全体のなかでキャラクターの持つ能力をいかに扱うべきかを学びましょう。**

　まず前提として、物語と能力の世界観を合わせること。たとえば宇宙で生活するキャラクターなのに、繰り出した必殺技が原始的なものだったらどうでしょう。物語に統一感が生まれず、読者は一気に興ざめしてしまいます。

好青年が主人公のファンタジー作品で、敵がグロテスク
な技ばかりを仕かけてくるというのも違和感があります。物語の世界観と能力が統率のとれた世界をつくり出
さないと、せっかくの物語が台無しになってしまうので
す。

　また、登場人物が物語の冒頭から高度な能力を身に
つけていても、読み応えがありません。困難に打ち勝っ
たり、挫折したりして、次第に高度な能力を身につけて
いく過程をていねいに描くことが重要です。

　**作品を多くの人に届けるためには、オリジナリティ溢
れる能力に加え、説得力のあるストーリーが必須です。**
本章のポイントを踏まえて執筆してみてください。

能力設定に大切な
４大要素

世界観を意識しなければ物語は成立しない

　特殊な能力は、物語の展開をがぜん盛り上げ、キャラ立ちに有効的であるとはいえ、やみくもに付与してはいけません。

　まず書き手は、自分が描こうとする物語の世界観と、登場人物たちの傾向をしっかり固めることです。次に、ストーリーの方向性と読者層を明確に定めましょう。これらの骨子がブレることなく決まったうえで、どのカテゴリーの能力を採用・導入するかを検討していくことが大切です。

　能力の選定において重要なのは、「適切」か「不適切」かの眼識です。わかりやすく解説するため、ひとつ例を挙げましょう。

　舞台設定が現代で、現実の世界に空想的なキャラクターが登場するローファンタジーの物語を書くとします。となれば当然、街や車が存在し、多くの登場人物は普通の人間です。そういうリアルな世界観のなか、自然環境の激変を自在に操れるファンタジックな敵キャラクターが登場し、いきなり天変地異のパニックを起こしてしまえばどうでしょうか？

　読者はあまりに唐突かつ非現実な展開に唖然とし、また、現代の現実世界を舞台とした意味も効果も薄れます。つまり、世界観と特殊能力がフィットしない、「不適切」な状態に陥ってしまうのです。

POINT

世界観と特殊能力をフィットさせる３大ポイント

- ☑ この舞台設定なら違和感ないという〝説得力〟
- ☑ 世界観の面白さと特徴を際立たせる〝持ち味〟
- ☑ 非現実的でも読者を没入させる〝魅力と強み〟

登場人物に関しても同様です。

たとえば、異次元の魔界を舞台としたハイファンタジーを書くとします。舞台設定は異世界で、主人公は転生ワープした女子高生だとしましょう。彼女は物語のヒロイン的存在のキャラクターで、キュートかつ可憐な魅力に満ちています。

このヒロイン女子高生の特殊能力が、ドロドロに液体化したり、ブクブクと肥大化したりする身体異形タイプだとしたらどうでしょうか？

絵を想像しただけで、読者は幻滅してしまいますね。登場人物像にマイナス効果をもたらす特殊能力を付与すると「不適切」な状況に陥ってしまい、せっかくの物語が成立しなくなります。

ところが動植物と話せる超言語スキルや、相手の心の一歩先を読む超読心術を持つなら一転、魅力的な能力として期待の持てる展開がイメージできます。つまり、女子高生というキャラクターにマッチした「適切」な状態として、物語が成立しやすくなるのです。

創作において、自由な発想と大胆なアイデアは大切ではあるものの、必然性に欠ける突飛な閃きをむやみに信じるべきではありません。一歩引いて読者側の目線を考慮する眼識を、書き手なら常に備えるべきです。

物語創作では４つの「適切」さを考慮する

登場人物	———	舞台設定
特殊能力	———	読者目線

キャラクターと能力の組み合わせの法則

キャラの特徴と能力の整合性が重要

　キャラクターの傾向と特殊能力の「適切」「不適切」について、前頁で解説しました。女子高生ヒロインにマイナス効果をもたらす特殊能力を付与すると物語が成立しないように、キャラクターと特殊能力の組み合わせは重要です。ここでは、基本的なキャラクター造形の手法をいくつか深掘りし、登場人物と特殊能力のマッチングに触れていきましょう。

　まず、あらゆるジャンルの物語でキャラ被りは原則NGというお約束がありますが、特殊能力も同様です。登場人物間で被らないように差異をつけ、役割分担しなければなりません。

　もっとも扱いやすい題材は、自然に関する特殊能力です。

　火、水、風、土、光などのモチーフがあり、これらはまったく相容れない特性を備えます。しかも、どれもに強みと弱みが共存するため、個々の力が衝突すれば、組み合わせ次第で多様な展開が生まれます。

　気をつけたいのは、バトル時に相互作用が生まれにくい特殊能力同士をぶつけないことです。たとえば、磁力を操れるキャラと重力を操れるキャラが戦闘しても、読者には今ひとつピンときません。一方で、火と水が戦えば戦闘構図と得意分野が明らかにイメージできます。

POINT

キャラと特殊能力のマッチングで留意したいポイント

- ☑ 区別がつきにくい能力やスキルを複数採用しない
- ☑ バトル時に相互作用が生まれにくい能力は基本NG
- ☑ キャラの成長に伴って強くなる特殊能力を編み出す

キャラクターの内面・外見と特殊能力のマッチングにも、順守すべき原則があります。それは、両面の整合性を意識することです。

　以下に PART.4 の素質スキルで解説した 5 つのパターンを取り上げ、キャラクター像の例を列挙しました。

- **●リーダースキル：求心力を備え、指導者的カリスマの素質がある。頑なな信念を内に秘め、人を惹きつける賢者の魅力に溢れる。**
- **●戦略スキル：スパイ活動的な裏の動きに長け、鋭い観察眼と洞察力を持つ。油断ならない容貌、隙のない言動で、人を信用しない。**
- **●サバイバルスキル：生命力が強く、タフで屈強な性格。逆境に耐え得る強靭な体格とメンタルを誇り、どんなピンチでも諦めない。**
- **●頭脳スキル：論理的思考が持ち味。見た目はひ弱で臆病なオタク系キャラでも、いざとなれば高い IQ を駆使して仲間を導く。**
- **●バイオレンススキル：傍若無人の荒くれ者。短気で一度キレると手に負えないが、味方となれば頼もしい存在として敵と戦う。**

　このようにキャラクターの特徴と能力を合致させると、行動や言動に説得力が生まれ、読者が感情移入しやすくなります。ミスリード展開を狙う場合は別にして、整合性の原則を覚えておきましょう。

弱者キャラが覚醒して無双の強者になるパターンもある

能力が先天的か後天的か でキャラ像は大きく変わる

先天的な能力はストーリー展開に要注意

　能力を「いつ授かったか？」という視点でキャラクターを捉えると、人物造形に深みを与え、物語のドラマ性をぐっと高めることができます。

　ひとつの基準となるのは、先天的か後天的かという区分です。これにより、キャラクター像の位置づけが大きく変わってきます。仮に先天的に能力が備わっているとすれば、展開上で重視すべきは以下の３点です。

　① なぜ先天的にそのような能力が備わっているのか？

　② 能力の用途が一定の方向に傾倒していく理由は？

　③ その能力は将来的に強くなるのか、弱くなるのか？

　一般的なパターンとして、何の苦労もなく付与された先天的な能力というのは強大であればあるほど、悪の道へと走りがちです。そればかりか、最終的に自滅の原因となるケースが多々見受けられます。

　その理由は、**「無」からの獲得という努力プロセスがなく、読者の共感や感情移入を誘いにくいから**。よって、強引に善性キャラに仕立て上げるより、生来の悪性キャラが諸悪の限りを尽くすうち、やがて罰が当たって成敗される展開のほうが、胸スカな爽快感をもたらします。

　これは、ひとつの王道モデルとして確立されている展開です。

POINT

善悪キャラが登場する王道モデルのテンプレート例

- ☑ 悪性キャラの悪行は中盤まで過激にエスカレートさせる
- ☑ 善性キャラは〝気が弱くていい人〟をベースに強くする
- ☑ クライマックスでは善性キャラの能力が一気に開花する

あなたが小説を読んでいて、主人公の思わぬ台詞や行動によって胸がぐっと締めつけられたことはありませんか？

　ページをめくるたびに、このピンチをヒーローがどうくぐり抜けるのか、ハラハラドキドキした経験はありませんか？

　ストーリーの面白さだけでは、こういった現象は起きません。**上質なストーリーに加え、展開を盛り上げる魅力的なキャラクターがいるからこそ、読者の心を鷲掴みにできるのです。**

　すなわち、キャラクターとはストーリー上の役割を明確に担いつつ、物語を牽引していく素質を備えていることが重要視されます。

　キャラクターの善悪に関係なく、その資質のポイントとは、

① 生き生きした情感に溢れている

② 感情移入できる人間くささを備えている

③ 行動原理がストーリーと役柄に合致している

　という3点です。ただしここで大切なのは、たとえばヒーローものの場合、主役の善玉ヒーローだけいい人キャラをしっかり描くのではなく、敵役の悪玉ヒールの極悪非道ぶりも徹底的に描き切ること。

対比構図が鮮明でなければ、映える「キャラ立ち」は実現しません。

自分なりのオリジナルキャラクターをつくろう

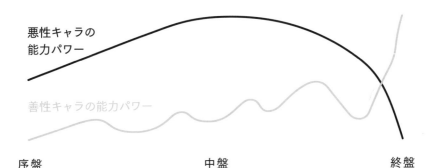

NO.04

キャラが絶対魅力的になる 能力獲得〜目標達成まで

 序盤で状況説明と目的設定をクリアに

　前頁の後天的に能力を授かるパターンの続編です。ここではキャラ造形をさらに魅力的に、そして物語の奥行きを深くするための構成メソッドを6段階で解説します。まず、主人公のキャラ造形で明確に追求すべき主要な3大ポイントについて。これらの前提条件を明らかにすることで行動原理の芯が定まり、書き手が作品を通して伝えたいテーマやメッセージが安定します。同時に、読者の共鳴度はおのずと高まっていくでしょう。

ポイント①　何を失って弱っているのか？ [喪失・自滅の事由]
ポイント②　どうありたいと願っているのか？ [目的の明確化]
ポイント③　なぜ再起するのか？ [動機とモチベーションの根源]

　①〜③は、能力を獲得するまでの背景として、『現状→過去→現状』と本筋の時系列から遡って描けば、読者にスムーズな理解を促せます。
　大切なのは、三幕構成の「第一幕」のなかで端的にこれらの説明を終えること。序盤で状況説明と目的設定をクリアにしていなければ、能力獲得後の行動原理が曖昧となり、説得力に欠けてしまいます。

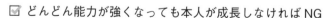

POINT

 能力獲得における3大NGケース

☑ どんどん能力が強くなっても本人が成長しなければNG
☑ 敵の能力との必殺技争いになればキリがないのでNG
☑ 強いキャラが能力を獲得しても盛り上がらないのでNG

　さて、さらにキャラ造形を深めるには、物語の進行に沿って以下の２大ポイントを必ず描写する必要があります。

> ポイント④　不成功に終わった際の犠牲は？ [リスクの明示]
> ポイント⑤　外敵・自己との闘いと葛藤 [進歩の軌跡]

　これらは三幕構成の「第二幕」のなかで盛り込みます。**原則として物語の中盤は、次々に襲いかかってくる困難との闘いに終始すべきです。**この格闘プロセスで主人公の進歩に比例して、能力レベルが右肩上がりに向上します。読者のハラハラドキドキを誘い、さらに共鳴度を高める重要な部分です。そうしてすべての難関を突破した先にあるのは、以下です。

> ポイント⑥　真の目標とは？ [潜在的な理想の達成]

　獲得した能力で真の目標を成し遂げますが、それは**主人公が成長したから達成できた、という含みが重要な意味を持ちます。**当初の②目的は伏線で、より大きな目標を成就するのが正しいクライマックスの在り方です。

どんな物語でも最後は「愛」の成就にすれば間違いない説

〝辻褄合わせ〟は物語創作に必要なスキル

制限設定で「ツッコミどころ」をなくす

「ツッコミどころ満載」とは、小説や映画などの感想に書かれる常套句。もちろん、いい意味では使われません。主に、「矛盾だらけ」「意味不明」といった、辻褄が合わない箇所を指摘する批判的フレーズです。

一応作家である私も、幾度かこの手痛い常套句を担当編集者やネットでの感想コメントでぶつけられた黒歴史があります（今もですが……）。

正直、がっくりきます。書いている本人は齟齬がないよう丹念に確認しているつもりですし、理路整然とした構成で作品を仕上げることは作家としての矜持であり、最低限のマナーだと思っていますから。

それでも「ツッコミどころ」を露呈してしまうのは、書き手の配慮と気遣いが欠けているからかもしれません。

現代を舞台とした作品で多いのは、やはりIT関連でしょう。「それ、スマホを使えば解決するでしょ」「ネット検索したらわかるって」と、思わぬところでツッコミを入れられてしまいます。

さて、前置きが長くなりましたが、本書でも大いに関係あるのが、配慮不足が引き起こす「ツッコミどころ」です。特殊な能力を物語に登場させるときは、どうか細心の注意を払って書き進めるようにしてください。

POINT

特殊な能力やスキルの「ツッコミどころ」あるある

- ☑ 途中からいきなり空を飛べたり巨大化したりする
- ☑ ラストで神的存在が現れて理不尽にパワーアップする
- ☑ 不死身スキルのはずなのに満身創痍で瀕死状態になる

ファンタジーやヒーローアクションの作品を観たり読んだりしていて、感じたことはありませんか？「あれ？　なんで今の場面で魔法を使わなかったわけ？」とか「ここで必殺スキルを出せば絶対勝てるんだけど」と。

　あるある、ですね。

　特殊な能力やスキルは絶対的パワーを誇るだけに、とりあえず困っていたりピンチだったりするときに使用すれば、多くの障害と障壁が解決するものです。それは発案した作者自身が重々わかっているものの、やみくもに連発すれば物語自体が成立しなくなります。悪戦苦闘の末にクリアすべき難題が、ポンと瞬く間に払拭されるわけですから。

　そこで読者に不信感を抱かせないために、前段でお断りをする必要があります。いわゆる制限設定です。

　たとえば「一日に一回しか使えない」という能力制限を最初に決めておけば、むやみに使えなくなります。「仲間が殺されたときだけ発動できる」という能力制限なら、いよいよ怒りと悲しみがマックスに到達した場面で行使できます。

　じつは、こうした制限設定は昭和の時代から用いられています。つまり、いつの時代も「ツッコミどころ」を指摘する人がいたわけですね。

強いだけより制限設定があったほうが
ハラハラして面白い

起承転結の「結」で
大切なこと

物語に必要なのは〝リアリティ〟と〝説得力〟

　「能力は、物語のどの辺りでどういうふうに登場させる？」「どんな終わり方にすればエンディングがきれいにまとまる？」

　これらはよく聞かれる質問です。実際のところ、特殊な能力を物語に登場させるには、それなりの下準備が求められます。一にも二にも心に留めておくべきは、〝リアリティ〟と〝説得力〟です。それらを作品に深く浸透させるために、たとえ能力が現実世界には存在しないフィクションツールであっても、序盤で3つの要件を明確にしてください。

　それは、「WHEN（いつ）？」と「WHY（なぜ）？」と「HOW（どうやって）？」です。

　まず「WHEN（いつ）？」ですが、先天的であれ後天的であれ、能力が付与される時期を明確に設定して描写しましょう。いつの間にか備わっていた、では読者の興味が一気に失せてしまいます。

　続いて「WHY（なぜ）？」。必然性が明らかでなければ、キャラクターの魅力と物語のテーマが曖昧になってしまいます。

　最後に「HOW（どうやって）？」。能力が備わるプロセスの明示があってこそドラマが生まれ、力の種類やレベル、制限を設定しやすくなります。

POINT

読者が物語から心を離してしまうタブーとは？

 能力が備わる瞬間の劇的な描写がリアルに書かれてない
 能力に目覚めた主人公の戸惑いと驚きが欠如している
 世界観を無視した突飛で謎な力が途中から次々と出てくる

そして、何よりも留意すべきは、物語の世界観と能力とのリンクです。

もし魔法世界が舞台であれば、魔法を駆使した展開で読者は納得します。仮想ゲーム世界へのバーチャル転生であれば、ゲームルールに則った能力での攻防戦が成立します。つまり主人公たちが動き回る舞台と、そこで違和感のない特殊な力を合致させなければ、〝リアリティ〟と〝説得力〟が生まれません。さらに冒頭の質問に答えるなら、次のような展開テンプレートを意識してみてください。

> 起——舞台となる世界の状況解説／主人公キャラの紹介
> 承——主人公への能力付与過程／きっかけ～事後の変化
> 転——外敵との戦いにおける能力の進化と主人公の成長
> 結——舞台となる世界に訪れる和平／新たな一歩のはじまり

能力が登場するのは、主に「承」と「転」。「結」では能力を使い切り、消滅させるのもありです。**さらに「結」で何より大切なのは、主人公が振るった能力で世界がどう変わったかという着地点**。能力がなくとも幸せな未来を暗示してこそ、真のハッピーエンドを迎えます。

起承転結の差異を意識して構成しよう

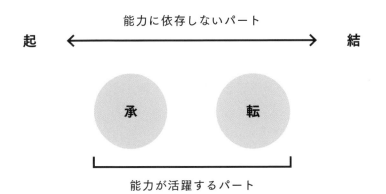

主人公の能力は「進化・発展」前提で設定する

敵は登場シーンから強さをアピール

　敵と主人公のキャラクター属性に応じて、各々に付与する能力には、わかりやすいほどの差別化を図らなければなりません。具体的には、パワーレベルの違いを明らかにすべきです。

　まず、敵から解説します。

　敵のパワーレベルは登場シーンから強烈にアピールしましょう。主人公に関係する善良な人たちが傷つけられたり、命を落としたりするくらい、強大で残酷な力を振りかざし、徹底した悪役ぶりを強調してください。**主人公を引き立てる『SAVE THE CAT の法則』の逆バージョン、いわば『KILL THE CAT の法則』です**（これは私が勝手にそう呼んでいます）。

　また、171 ページで触れた制限設定も必要ありません。敵にはやみくもに強い能力やスキルを与え、特に序盤においては読者の心に鮮烈に残る、傍若無人キャラとしての地位を確立させます。

　主人公が登場し、初めて両者が対峙・対決するときは、当然敵が圧倒的勝利を収めます。主人公はまるで歯が立ちません。これが王道テンプレートです。無残な敗北を喫して満身創痍（まんしんそうい）の主人公とは対照的に、敵は高笑いしながらさらなる悪事を企みます。

POINT

主人公が強くなる条件にはパターンがある

- ☑ 老師や恩師といった師匠的存在が鍛える
- ☑ 恋人や仲間の懸命な励ましで覚醒していく
- ☑ 家族や最愛の人を無慈悲に殺されて奮起する

では、次に主人公について解説します。

主人公の能力やスキルは、序盤ではささやかなパワーレベルに留めてください。たとえば火を扱えるにしても、手のひらにポッと小さな炎がともるくらい。水を自在に操れるとしても、コップの水面をわずかに揺らせるくらいの、微々たる力にしましょう。こんなレベルですから、敵の強固なパワーに打ち勝てるわけがありません。前述の通り、惨敗を喫してしまいます。

しかし、**ここからが王道テンプレートの真骨頂です。**修練、修行、鍛錬──とにかく血の汗を流すような努力を重ね、弱々しかった主人公キャラは強くなっていきます。その過程ではいくつもの苦しみや悲しみをくぐり抜け、真の強者としての誇りとプライドを自らのなかに育むのです。

そうして迎えた宿敵との再戦。主人公は能力やスキルをフルに発揮して汚名を返上し、ヒーローとして生まれ変わります。手のひらに灯る小さな炎は、巨大な火柱となって敵を業火で包みます。あるいはコップの水面を揺らすだけだった微々たる力は、大津波を起こして敵を飲み込みます。

最初は弱くても、進化・発展して強くなる展開は、あらゆる創作物語の王道中の正道です。プロット段階からよく頭に入れて取り組みましょう。

成長とは読者が応援したくなる鉄板プロセス

王道テンプレートでも魅力的な作品にする秘訣

　早いもので、本章もラストとなってしまいました。ここではあらためて物語創作の礎（いしずえ）に関わる、根本的なメソッドを包括したお話をします。

　まずは本書で何度も登場する、王道テンプレートについてです。

　ご存じの通り、**王道とは読み手の期待と願望に応える展開でエンディングを迎えること。**「こうなってほしい」という大多数の読み手の願う結末を裏切ることなく、読後にカタルシスと満足感を与える物語をいいます。

　とはいえ、「そこまで定型化されていたらオリジナルの王道作品を書くのはもはや難しいのでは？」という声がしばしば聞かれます。

　答えは「ノー」です。王道とは、物語のジャンルやカテゴリーの域を超えた、あくまで大枠でのストーリー展開の在り方を指します。

　ファンタジー、サスペンス、アクション、SF、ミステリー、ノワールなど、物語創作ではあまたの分野が存在し、当然ながら世界観は書き手のイメージやセンスによって千差万別です。さらに、キャラクターに付与する能力やスキルは無限につくり出せるうえ、登場人物も変幻自在な設定が可能。

　つまり、王道とは物語を入れる大きな器であると考えてください。そのなかで無数に並ぶ一つひとつの物語は、すべて色や形が異なります。

POINT

王道テンプレートの物語に必須の３大条件

☑ 導入10ページで読者の感情を鷲掴みにする好展開
☑ 読者が自己投影しやすい「親近感のある」主人公
☑ 作品を貫くテーマやメッセージの普遍性と説得力

続いて、魅力ある物語を書くために注力すべき3要素を解説します。

なかでも大切なのは、キャラ造形、これに尽きます。心惹かれるキャラクターというのは、長所と短所の両面を備え、どこか憎めない性格なり特徴が見え隠れするもの。**非の打ちどころのない正義漢や、弱さや悪さが皆無の完全無欠な人物は読者から好かれません**。自分との共通点を見出せない、あくまでフィクションの遠い存在となってしまうからです。

次は、感情の起伏を丹念に描き切ることです。主人公のみならず、悪役や脇役の心情も要所要所でしっかり描写し、対人関係の構図を明示することでドラマが盛り上がります。そのためには、会話による構成を重要視する必要があり、必然的に読みやすく、理解しやすい内容になります。

最後は、主人公の主義と目標です。戦う意義や守るべき存在を明らかにすること。これこそが物語を牽引するテーマやメッセージにつながります。

さて、**本書で紹介した特殊な能力は、キャラ立ちのためのツールとなり、物語に独自性とエンタメ性をもたらす原動力にもなり得ます。**とはいえ、上記3要素のどれかひとつでも欠落すれば、作品の魅力は半減します。

書き手にとって求められるのは、常に読者目線を忘れない、バランス感覚に優れた構成力と俯瞰視点であることを覚えておきましょう。

オリジナルの王道作品を生み出すための相関図

 キャラ造形　　　　　　感情の起伏　　　　　　 主義と目標

独自の世界観による物語の構成

王道テンプレートに沿った展開

能力発動は
感情のピークを表すスイッチ

　本書でも何度か触れている〝キャラ立ち〟。
最後のコラムでは、あらためてその基本的な描写ポイントと能力との関係性についてお話します。

　そもそも〝キャラ立ち〟とは、感情の起伏を如実に描き切ること。辛いことが起きれば哀しみ、うれしいことがあれば笑い、嫌なことに遭遇すれば怒るというように、事象に対する当事者の心の変化をありありと表現し、個性や性格や心の在り方を人物像とイコールでつなげます。すると読者が受ける印象は強化され、唯一無二の存在として感情を同調させることが可能となるのです。

　一方、能力を発動するとき、そのキャラクターの心情を深く具体的に読み解くことが重要です。たとえば炎を放射する必殺技の能力を使う瞬間、主人公はどんな気持ちなのでしょう。「恋人を守りたい」、「憎き敵をやっつけたい」、「これまでの恨みを晴らしたい」と、激しい情感のなかにも、さまざまな想いが存在するはず。能力発動に際しては、なぜそうするのか？　という心の変わり方を台詞や態度で端的に文章化する必要があります。

　すなわち、能力発動とは特定の感情がピークに達したことを表すスイッチといえるでしょう。この関係性を十分に理解しておけば、能力を発揮すればするほど〝キャラ立ち〟が実現します。

　ぜひ心に留め、実践してみてください。

書き込み式

クリエイターのためのキャラクター能力設定シート

キャラクターの 基本設定を考えよう

キャラクターに適切な能力を与えるために、まずは以下のプロット（ストーリーの概要）と人物相関図をもとに、イメージを膨らませましょう。

プロット（ストーリーの概要）

この世界は、邪悪な能力を秘めた敵が力によって支配した。主人公はそんな世界に嫌気がさし、仲間と一緒に敵を倒すことに決めた。旅の途中、いくつもの葛藤や苦悩を抱えつつ、協力者の支援もあり、遂に敵と対峙することになった――。

人物相関図

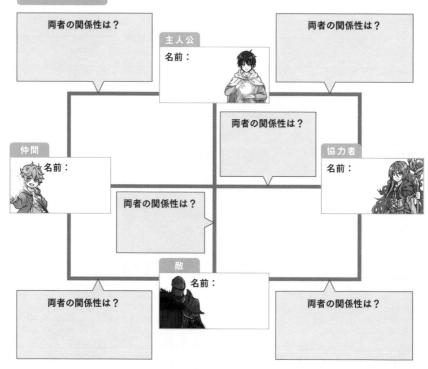

両者の関係性は？

主人公
名前：

両者の関係性は？

両者の関係性は？

仲間
名前：

協力者
名前：

両者の関係性は？

両者の関係性は？

敵
名前：

両者の関係性は？

STEP ②

キャラクターの素質を決めよう

キャラクターの生まれ持った素質は、ストーリーを進めるうえでも、特殊な能力を扱ううえでも重要なポイントになります。 （P.126 〜 157 参照）

下の囲みから素質をひとつ選びましょう

敵	主人公	仲間	協力者

リーダー スキル	目標達成 スキル	戦略スキル	サバイバル スキル
頭脳スキル	クリエイティブ スキル	一芸一能 スキル	バイオレンス スキル
サポート スキル	姑息スキル	指導スキル	恋愛スキル
根性スキル	上品スキル	お笑いスキル	特殊スキル

※私的利用に限り、コピーしてお使いください。

キャラクターに能力を付与しよう

プロットから考えられるストーリーの展開を頭のなかで組み立てつつ、キャラクターに能力を最大で２つ付与してみましょう。 （P.18 〜 121 参照）

自然系

火・炎	爆破・爆弾	水	氷
風	電気・雷	草・木	土
宇宙	光	闇	磁力
金属	鉱石	気候・天気	音
血液	腐食・腐敗		

身体強化・変化系

硬化	軟化	粘着	パワー強化
スピード強化	バリア・回避	飛行・空中浮遊	巨大化
微小化	増殖・分身	重力・引力	回復
状態異常	変化・変身	獣化・神獣化	不死

サイコキネシス系

超人的スキル	超言語スキル	霊的スキル	創造
破壊	調和	空間操作	脳内操作
心理操作	人体操作	物体操作	人形操作
生物操作	時間操作		

左ページの囲みから能力を2つ選びましょう

主人公

能力①

能力②

仲間

能力①

能力②

協力者

能力①

能力②

敵

能力①

能力②

能力にまつわる
細かい設定を考えよう

物語で能力を生かすためには細かい設定が必要不可欠です。これまでに付与したキャラクターの能力を掘り下げてみましょう。

（P.162〜177参照）

主人公	素質：	
	能力① 例：炎	能力② 例：宇宙
Q. この能力の名前は？	例：モスキートファイア	例：太陽フレア
Q. この能力が備わったタイミングは？	例：修行によって獲得	例：物語終盤
Q. この能力の発動条件は？	例：怒ったとき	例：深い悲しみに暮れたとき
Q. この能力の制約は？	例：チャージ時間が必要	例：一生で一度きり
Q. この能力の弱点は？	例：水や氷に弱い	例：もしも外したら自滅する

仲間	素質：	
	能力①	能力②
Q. この能力の名前は？		
Q. この能力が備わったタイミングは？		
Q. この能力の発動条件は？		
Q. この能力の制約は？		
Q. この能力の弱点は？		

協力者	素質：	
	能力①	能力②
Q. この能力の名前は？		
Q. この能力が備わったタイミングは？		
Q. この能力の発動条件は？		
Q. この能力の制約は？		
Q. この能力の弱点は？		

※私的利用に限り、コピーしてお使いください。

	敵	素質：	
	能力①		能力②
Q. この能力の名前は？			
Q. この能力が備わったタイミングは？			
Q. この能力の発動条件は？			
Q. この能力の制約は？			
Q. この能力の弱点は？			

MEMO

能力を生かした
ストーリーを完成させよう

キャラクターの細かな能力の設定が決まったところで、起承転結で簡単なストーリーを組み立ててみましょう。

起（つかみ）

承（発展）

転（危機）

結（結末）

※私的利用に限り、コピーしてお使いください。

キャラクター能力設定シート [記入例]

ここでは、本書の著者の記入例を紹介します。ぜひ、キャラクターごとの能力の使い分けや、能力を用いたストーリーのつくり方を参考にしてみましょう。

人物相関図 （STEP.1 記入例）

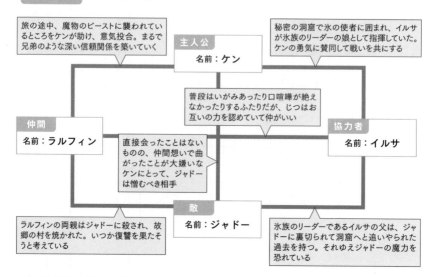

旅の途中、魔物のビーストに襲われているところをケンが助け、意気投合。まるで兄弟のような深い信頼関係を築いていく

秘密の洞窟で氷の使者に囲まれ、イルサが氷族のリーダーの娘として指揮していた。ケンの勇気に賛同して戦いを共にする

主人公 名前：ケン

普段はいがみあったり口喧嘩が絶えなかったりするふたりだが、じつはお互いの力を認めていて仲がいい

仲間 名前：ラルフィン

直接会ったことはないものの、仲間想いで曲がったことが大嫌いなケンにとって、ジャドーは憎むべき相手

協力者 名前：イルサ

敵 名前：ジャドー

ラルフィンの両親はジャドーに殺され、故郷の村を焼かれた。いつか復讐を果たそうと考えている

氷族のリーダーであるイルサの父は、ジャドーに裏切られて洞窟へと追いやられた過去を持つ。それゆえジャドーの魔力を恐れている

キャラクターの能力設定 （STEP.2～4 記入例）

主人公　ケン 素質：目標達成スキル	能力① 光	能力② スピード強化
Q. この能力の名前は？	ライトニングストーム	アップドラフト
Q. この能力が備わったタイミングは？	幼少の頃、荒野を彷徨っていると雷に打たれて	森で修行中、巨大なタイガーに襲われて覚醒
Q. この能力の発動条件は？	怒りや憎しみを捨てて、誰かを助けたいと心から願ったときだけ	本当にピンチに陥ったときだけ覚醒する
Q. この能力の制約は？	太陽か月が出ていないときにしか発動しない	ひどく疲労するため、一回使うと数日間は使えない
Q. この能力の弱点は？	繰り返し使うとパワーダウンする	小回りが利かないため動きが見破られがち

仲間　ラルフィン 素質：戦略スキル	能力① 心理操作	能力② 変身・変化
Q. この能力の名前は？	インザハート	トランスフォーム
Q. この能力が備わったタイミングは？	物心ついたときから備わっている	旅の途中、伝説の木の実を口に含んだときに習得
Q. この能力の発動条件は？	周りが静かで集中できる環境であることが条件	革袋に入った木の実を食べると発動する
Q. この能力の制約は？	子どもや善人には使えない	数が限られているので乱発はできない
Q. この能力の弱点は？	心が強い相手だと、逆に心を読まれてしまう	変身時間は約2分間

協力者　イルサ 素質：特殊スキル	能力① 氷	能力② 回復
Q. この能力の名前は？	アイシクル	ヒール
Q. この能力が備わったタイミングは？	氷一族アイリスの血を引くため、生まれときから	敵とのバトルで、ケンが瀕死の重傷を負ったときに習得
Q. この能力の発動条件は？	先祖代々伝わるアイリスの杖を振ること	傷を負った場所に手をかざすと発動
Q. この能力の制約は？	杖がないと使えない	自分自身の傷は治せない
Q. この能力の弱点は？	火や高温には弱い	使うと寿命が削られる

敵　ジャドー 素質：バイオレンススキル	能力① 火・炎	能力② 創造
Q. この能力の名前は？	バーンブレイク	ダークネス・クリエイション
Q. この能力が備わったタイミングは？	悪魔に魂を売ったときに備わった	主君である悪魔を殺したときに備わった
Q. この能力の発動条件は？	詠唱すれば発動する	闇世界が壊れそうになったとき
Q. この能力の制約は？	特にない	特にない
Q. この能力の弱点は？	対象物が水に濡れていると威力が弱まる	正しく清い心の持ち主には力が及ばない

能力を用いたストーリー （STEP.5 記入例）

起（つかみ）	誰よりも正義感が強い少年のケン。世の中が闇の王であるジャドーに支配されつつあり、苦しむ人々を救うために立ち上がった。
承（発展）	旅の途中、ジャドーがラルフィンの街を襲撃。そこにケンが現れ、ラルフィンを救出。ラルフィンには知力と戦略があり、ふたりでジャドーの一味を倒していくが、ケンはジャドーに返り討ちに遭う。
転（危機）	辛くも逃げ込んだ秘密の洞窟で氷族アイリスに囲まれる。氷族アイリスのリーダーのイルサに傷を癒され、再起を誓うケン。いつしかケンのことが好きになっていくイルサ。
結（結末）	圧倒的勢力を備える闇の王ジャドーは、正義のために立ち上がる民の軍との大戦争をはじめる。民の軍は劣勢となるが、暗黒城に忍び込んだケンとラルフィンはジャドーとの一騎打ちに挑む。能力を生かして闇の王ジャドーを破り、勝利するケン。戦闘で消耗し、横たわるイルサに手を差し伸べる。

おわりに

　本クリエイターシリーズは、2022年7月に『クリエイターのための物語創作ノート』を刊行以来、瞬く間に大好評となり、6作目の刊行を迎えました。

　「はじめに」で綴りましたように、本書は能力をテーマとしながら、人物像、舞台設定、世界観をはじめとする創作全体のノウハウについて解説しています。

　そして一貫してお伝えしたかったのは、能力を使うキャラクターを魅力的に描くこと。能力を書くことが物語の本質ではありません。

　そこを起点にプロットを考え、ストーリーを構成していけば、キャラクターにふさわしい能力の形がおのずと見えてきます。

　逆に、能力ありきで物語を創作してしまうと、キャラクターの印象が薄くて、深みのない話になってしまいます。

　さらにいうなら、主人公が持つ能力は、物語で伝えたいテーマやメッセージとリンクしながら機能し、エンディングまで読者の没入感を牽引するものでなければなりません。

　そのような包括的視点で捉えると、ある結論が導かれます。

能力に特化した物語とは、ファンタジーやSFのみならず、恋愛、青春、スポーツをはじめ、全ジャンルに当てはまるということです。誰もが何かしらの魅力的な長所や取り柄を備えれば、それだけで特別な能力になります。ヘタレでも愛されキャラかもしれません。成績が最下位でも勇気ある正義漢かもしれません。

　書き手がそうした温かい目線でキャラクターを設定し育てていくと、必ずや読者の心を打つ〝何か〟がたくさん届けられるはずです。

　ちなみに、本書は具体的な能力のネーミングには言及していません。能力の名付けに関してお悩みの方は、拙著『クリエイターのための名付けの技法書』をお読みくだされば幸いです。

　最後に謝辞となります。出版元の日本文芸社さま、編集の細谷さま、本シリーズのカバーイラストが2作目となる真崎なこさま、そして何より本書をお手に取ってくださったみなさまへ。

　この出会いに、切に感謝いたします。

2024年 早春の頃　　　秀島 迅

著者　**秀島 迅**（ひでしま じん）

青山学院大学経済学部卒。2015年、応募総数日本一の電撃小説大賞（KADOKAWA）から選出され、『さよなら、君のいない海』で単行本デビュー。小説家として文芸誌に執筆活動をしながら、芸能人や著名人のインタビュー、著述書、自伝などの執筆も行っている。近著に長編青春小説『その一秒先を信じて シロの篇/アカの篇』2作同時発売（講談社）、『プロの小説家が教える クリエイターのための名付けの技法書』（日本文芸社）などがある。また、コピーライターや映像作家としての顔も持ち、企業CM制作のシナリオライティングなど、現在も月10本以上手がけている。

X（旧Twitter）：@JinHideshima

BOOK STAFF

編集	細谷健次朗（株式会社G.B.）
編集協力	三ツ森陽和、吉川はるか
カバー・本文イラスト	真崎なこ
図版	Q.design
装丁・本文デザイン	別府 拓、奥平菜月（Q.design）
校正	聚珍社

プロの小説家が教える
クリエイターのための能力図鑑

2024年5月1日 第1刷発行

著　者　秀島 迅
発行者　吉田芳史
印刷所　株式会社文化カラー印刷
製本所　株式会社光邦
発行所　株式会社 日本文芸社
〒100-0003　東京都千代田区一ツ橋1-1-1 パレスサイドビル8F
TEL 03-5224-6460（代表）
内容に関するお問い合わせは、小社ウェブサイト
お問い合わせフォームまでお願いいたします。
URL https://www.nihonbungeisha.co.jp/

Printed in Japan　112240419-112240419 Ⓝ 01 (201122)
ISBN978-4-537-22204-3
©Jin Hideshima 2024
編集担当　藤澤